# 新・ドラマーのための全知識

新装版

長野祐亮 著

*Everything A Drummer Needs To Know, And More!*

RittorMusic

# はじめに

ドラムを叩いていて楽しいと感じる気持ちは、とても本能的なものです。ドラムやシンバルを思いっきり叩くと、その衝撃が耳や手足を通じて全身に伝わり、非日常的なほどの大きな音に包まれます。そして、心の奥底にある「物を叩きたい」という欲求が満たされていくのを感じるでしょう。「スカッ」とするとか、「気持ちがいい」という、単純な感覚もそのひとつ。人類の歴史の中で、最も古くから存在する原始的な楽器であるドラムやパーカッション。これらには、人の魂をかきたてたり、いろいろな感情を起こさせる不思議な力があります。それは、世界中のさまざまな場所でさまざまな民族によって、宗教的な儀式や踊り、または戦いの場でこのような原始的な楽器が使用されてきたことからもわかります。戦場で打ち鳴らされていた太鼓には、敵を威圧して恐怖感を与え、味方には戦う勇気を起こさせるという役割がありました。また、除夜の鐘にも代表されるお寺の鐘の「ゴォーン」という響きを聴くと、何か厳かな気分になり、お坊さんのお経を唱える際の木魚の「ポクポク」という音を聴くと、まるで催眠術にかかったかのようにすぐに眠くなってしまうのは、私だけではないはずです。

バンドにおいてドラマーは、生命力溢れるビートを叩き出し、曲にエネルギーを与えるという、人間に例えると心臓のような大切な役割があります。そしてこのリズムとかビートというものは、感覚的なものなので、とらえどころがなくて難しいのです。

スティックを握って叩けば誰でも簡単に音を出すことができる単純明快さと、突き詰めていくと宇宙の神秘まで辿り着いてしまいそうな奥の深さとの両面を持っている不思議なドラム。そのドラムをもっと楽しく、もっと気持ち良く叩けるようになるために、この本が少しでもみなさんのお役に立ってくれればうれしく思います。

長野祐亮

# Contents

# 序章

「ドラムを叩けるようになりたい」「もっとうまくなりたい」と思ったときにみなさんはいったいどうしますか？　最近では、昔とは比較にならないほどの教則本やビデオ、音楽誌などが出版されていますし、インターネットなどでも多くの情報が溢れています。ですからそのような教材を利用すれば、独学でも十分に上達することができるでしょう。また、予算と時間さえ許せば、ドラム教室などできちんと先生に教わるのも良い方法です。確かに独学の方はいつでも好きなときに練習できるというメリットがあるのですが、やはりフォームなどの基礎から勉強するなら、特定の先生について定期的にしっかり教わった方が上達は早いものです。手本として先生の演奏が聴けるし、身近なライバルができるというメリットも出てくるからです。

とにかくアンテナを張り巡らせてさえいれば、あなたの周りには、ドラムを上達させてくれる情報がたくさんあります。もちろんこの本もそうした教材の1つ。これは、とても幸せなことです。ただ、このような多くの情報に流されて受け身にならないように気をつけなくてはいけません。例えば何でも質問すれば答えてくれる先生が身近にいることは素晴らしい。しかし、安易な近道が必ずしも良いとは限りません。自分で悩み、考えて脇道にそれながらも、答えを見つけなくてはいけないこともたくさんあるのです。例えば家庭用ビデオがなかった頃、ツーバスのフレーズをそうとは知らずにワンバスで悩みながら練習して、おかげで足が速く動くようになったなどという話はよく聞きます。つまり、そのように迷いながら見つけた答えが本当の自分の力やオリジナリティになる場合が多いのです。

ドラムは自由度の高い楽器です。また、人それぞれの肉体的な条件にも左右されやすい楽器です。もし、あなたが「私はこうしたらもっとうまく演奏できるのでは？」などという独自のひらめきを感じたら、とにかく徹底的に試してみることが大切です。それが一見遠回りに見えたとしても、結果的に必ずプラスになると信じてください。すぐれたミュージシャンになるという、一生のテーマにもなりうることに向かい合うのに、まるで攻略本を読みながらするTVゲームのように周りの人と同じ道を楽して進むのはどんなものでしょうか。「旅の楽しみは、寄り道にある」と誰かが言ったような気がしますが、みなさんもそんな気持ちで自分なりのドラムを追求し、楽しく長くドラムと付き合っていってほしいと思います。

そして、そのための手助けをしてくれるのが、ドラムの先生や教則本などです。さまざまな試行錯誤を重ねながら、みなさんもドラム上達を目指して頑張ってください！

# 第1章
# 楽器について

ドラム・セットは、いくつものドラムやシンバルなどが集まって構成されたもの。場所もとるし音も大きいので、いざドラムを始めたいと思ってもいきなりセットを購入して家で練習できる人は少ないだろう。しかし、楽器について知るのは大切なこと。この章では、まず楽器についての理解を深めていくことから始めていきたい。

## 1 楽器の構成

まずはドラム・セットで使われるいろいろな種類のドラムやシンバルについて順番に解説していきましょう。**写真1-1**は標準的なドラム・セットです。

▲写真1-1　標準的なドラム・セット

### ■バス・ドラム

ドラム・セットの中で最も大きなドラム。その名のとおり一番低い音を担当します(ベース・ドラム)。ドラムのサイズはインチで表示されますが、バス・ドラムは口径が18～26インチ、深さが14～18インチといったバリエーションがあります。もっとも標準的なサイズは22インチです。フット・ペダルを使って足で鳴らすところから“キック”とも呼ばれます。**写真1-2**にバス・ドラムの各部の名称を示してみました。

バス・ドラムは横に寝かせた状態で使うので、安定度を高めるためにスパー(脚)が付いています(**写真1-3**)。これは床の状態に応じて、先端がラバーかスパイクかのどちらかに変更可能です。また、タム・ホルダー・ベースが付いていて、そこからタム・ホルダーを出してタムを支えるという役割もあります。昔はライド・シンバル用のスタンドまで出ていたりもしましたが、現在ではあまりお目にかかりません。

▲写真1-2 バス・ドラム各部の名称

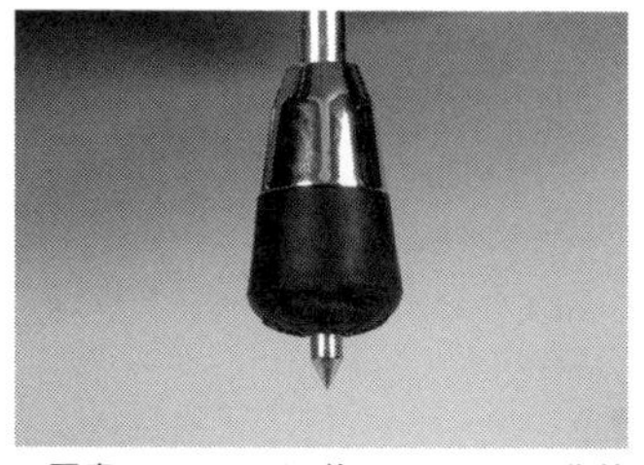
▲写真1-3 スパイク状にしたスパーの先端

バス・ドラムのフロント・ヘッドには丸い穴が空けられているものが多く見られます。これはその昔、レコーディングなどのときにミュートしたアタック重視の音を録音するために、フロント・ヘッドを外し本体にマイクを突っ込んだことが始まりです。しかしフロント・ヘッドを外したままにしておくと、タムの重さなどによりバス・ドラムが歪むことがあります。そこで穴を空けたヘッドが登場したわけです。音の余韻を大切にするジャ

セッティングのときには2本のスパーの長さを揃えるよう注意すること。このとき写真のように、1～2cmくらいフロント側を浮かすようにすると、音の抜けが良くなります。

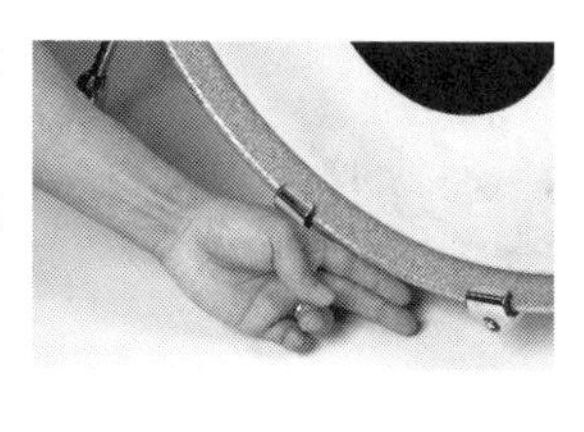

ズ・プレイヤーなどは穴を空けていませんし、ロック系の人でも穴の空け方は人それぞれで、特に決まりはありません。穴の大きさはだいたい直径6〜14インチぐらいが平均的です。穴が大きいほど余韻が少なくなり、空ける場所が中心に近いほど余韻が少なくなります。

また、フロント・ヘッドは、バンドのロゴ、自分の名前、絵などを書いて、視覚的にもアピールできる重要なポイント。いろいろなドラマーのセット写真などを見て研究すると良いでしょう。

## バス・ドラムのフロント・ヘッド

### ①穴の空け方

最近では初めから穴の空いているバス・ドラムのフロント・ヘッドも売っていますが、もし穴が空いていない場合は自分で空けてしまいましょう。

まず手頃な大きさの丸いもの(小口径のタムなど)をフロント・ヘッドの適当な位置に当てて型をとります。このときに、カッターの刃の背中の部分で(切れない方)なぞるようにしてキズを付けると良いでしょう。そうした後にカッターで注意深く切り取ります。

切り終えたら切り口にキズがついていないかをチェックします。キズがついていると、バス・ドラムを踏んでいるうちにキズがついた部分からヘッドが破れてしまうことがあります。紙ヤスリなどできれいに整えておきましょう。また、穴の位置とサウンドとの関係は下図のようになります。

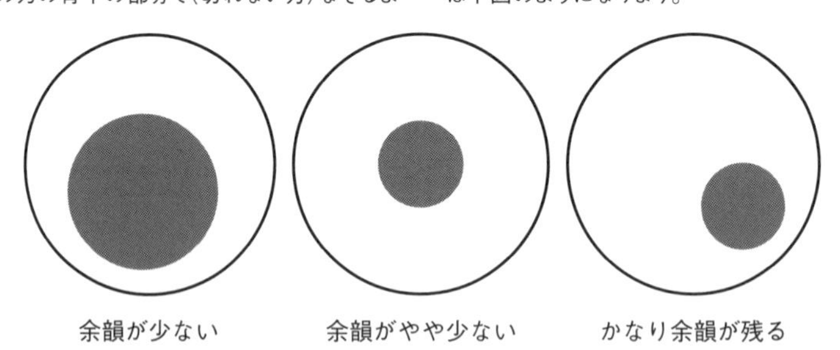

余韻が少ない　　余韻がやや少ない　　かなり余韻が残る

### ②フロント・ヘッドの楽しみ方

バス・ドラムのフロント・ヘッドは、自分だけのオリジナル・スペースです。フロント・ヘッドにバンド名や自分の名前を入れたいときは、カッティング・シートを利用するのが、失敗の危険性も少なくていいでしょう。手先に自信のある人は、プラモデル用の塗料で絵を書いたり、色を塗ったりするのもいいと思います。

また、もっと凝りたい人は、カッティング・シートをタムやバス・ドラムの回りに貼ってオリジナルのカラーリングをしてしまうことも可能。例えば、白いドラムをピンクや黒の水玉模様にしてしまうなど……。アイディア次第でいろいろなことができるので、楽しんでみてください。

## ■スネア・ドラム

ドラム・セットの中で最も使用頻度が高いもの。そしてドラマーの音の個性を一番アピールしやすい重要なドラムがスネア・ドラムです。最近はサイズも材質も多様化してきているので、2つ以上のスネアをセッティングする人も少なくありません。各部の名称は**写真1-4**を参照してください。

▲写真1-4　スネア・ドラム

### 1　サウンドの特徴

他のドラムとの一番の違いは、裏側にスナッピーと呼ばれる"響線"が付いていること。もともとスネアとはスナッピーのことを指しており、この反応によりザラザラした独特のスネア・ドラム・サウンドが生まれるわけです(スナッピーをスネア・ワイヤーと呼ぶこともあります)。スナッピーの長さには**写真1-5**のようなロング・スケール(全面当たり)と、**写真1-6**のようなショート・スケール(内面当たり)の2種類があります。

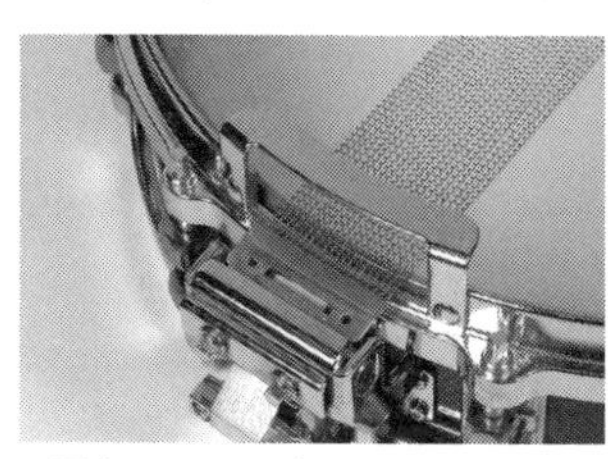

▲写真1-5　ロング・スケール

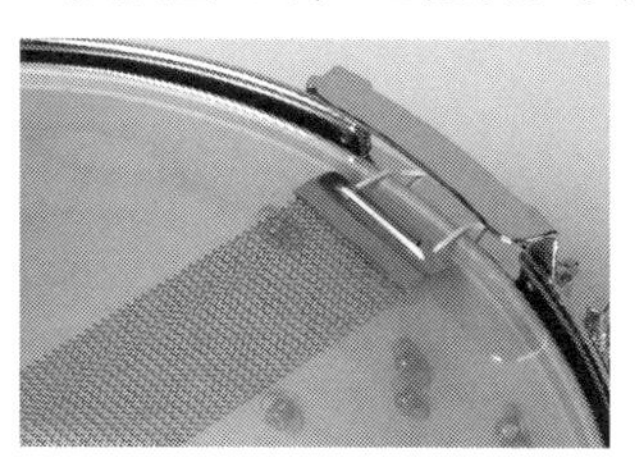

▲写真1-6　ショート・スケール

全面当たりの方は、大きな音にも小さな音にもスナッピーが繊細に反応し、内面当たりの方は、それに比べると多少スナッピーの反応は抑えられますが、その代わり残響音の少ない、はっきりとしたタイトな音が得られやすくなります。最近ではこの内面当たりを採用しているものが主流です。

スナッピーは消耗品。「最近スネアの音のキレが悪いな」と感じたり、コイルが伸びたり切れたりしているときはいさぎよく取り替えましょう。音に重要な影響を与えるパーツなので、取り替えた後は思った以上に音が良くなって驚くはずです。ただし、それほど使い込んでいないスナッピーのコイルが1～2本切れたという場合は、切れたコイルだけをニッパーなどで切り取ってしまうと良いでしょう。このときに切り口が裏のヘッドに当たってキズをつけないように、切り口をきちんと処理することが大切です(5ミリほどコイルを残して切り、外側に折曲げるなど)。

**2　材質**

シェル（ドラムの胴）の材質は、大きく分けてメタルとウッドの2種類。メタル・スネアはパワーがあり、明るく派手な音を出しやすいのが特徴です。メンテナンスを怠るとサビることがありますが、湿気の影響を受けないというメリットもあります。

| 材質 | | サウンドの特徴 |
|---|---|---|
| ウッド | メイプル | 硬い材質。立ち上がりのいい明るいサウンド |
| | バーチ | 柔らかい材質。丸みがあり、暖かいサウンド |
| | マホガニー | 中低域が豊かな、甘くまろやかなサウンド |
| | ビーチ | 明るくふくよかで、特有のコシのあるサウンド |
| | オーク | 低音が効いた太いサウンドで、耳に痛くないのが魅力 |
| | ブビンガ | 硬めでアタック感のあるパワフルなサウンド |
| メタル | スティール(鉄) | アタックが強く、キレのいいパワフルなサウンド |
| | ブラス(真鍮) | 明るく豊かなサウンド |
| | アルミ | 明るく軽快で、キレの良いサウンド |
| | コパー(銅) | 柔軟で深みのあるサウンド。上品なサスティンが魅力 |

▲表1-1　代表的な材質とその特色

それに対してウッド・スネアは、暖かく落ち着いた音を出しやすいのが特徴。湿気の影響を受けやすいという弱点はありますが、使い込んでいくうちに木が馴染んで音がよくなり、愛着もわいてくるものです。代表的な材質と特色を**表1-1**でまとめてみました。

### 3 サイズ

口径が14インチというのが標準的。最近では13インチや12インチなどの小さめのスネアも発売されています。口径が小さくなるほどに、音のピッチは高く、軽い音になります。胴の深さのバリエーションはたくさんありますが、胴が浅いほどシャープでキレの良い音になり、深くなるほど太くパワフルな音が出しやすくなります。大きく分けるとピッコロ（**写真1-7**）、標準（**写真1-8**）、深胴（**写真1-9**）、超深胴（**写真1-10**）のようになります。

▲写真1-7 ピッコロ：3.0 ～ 4.5インチ

▲写真1-8 標準：5.0 ～ 5.5インチ

▲写真1-9 深胴：6.5インチ

▲写真1-10 超深胴：7.0 ～ 8.0インチ

## ■タムタム(タム)

主にフィルインなどに使われる、いわゆる普通の太鼓です(**写真1-11**)。特に低音を出す大きな床置き式タイプは、フロア・タム、またはバス・タム(**写真1-12**)と呼ばれています。

他のバリエーションには、裏のヘッドのついていないシングル・ヘッド・タムや、胴のついていないロート・タムというものもあります。これらはアタック音重視の乾いた音がするため、音程が出しやすく、よりメロディックなフレーズを叩くのに向いています。

サイズのバリエーションは多種多様。口径は8～16インチ、フロア・タムで14～18インチといったところでしょう。深さはメーカーや時代の流行りによっても変わりますが、標準、深胴、超深胴などのバリエーションがあります。例えば口径が12インチのタムを例にとると、深さ8インチが標準で、それに対して9インチや10インチなどの深胴タイプの選択肢があります。

▲写真1-11　タム。タム・ホルダーに固定するためのタム・ホルダー・ブラケットが付いている。

▲写真1-12　フロア・タム。床に立てるためのフロア・タム・レッグが付いている。

最近ではタムのセッティングをする際に、タムのシェルに直接タム・ホルダー・ブラケットを取付けるのではなく、リムなどから独自のパーツを使ってタム・ホルダー・ブラケットを固定するタイプが各メーカーから登場しています。これはタムの自然な鳴りが生かせるうえ、音もパワフルになり、チューニングのレンジも広がるなどの利点があります。

## ■小口径セット

最近では、14”～16”くらいの小口径のバスドラを中心に据えた、小型のドラム・セットが多くのメーカーから発売されています。コンパクトに収納できて、持ち運びにも便利。ストリートや小さめの会場での演奏用に人気があります。

▲写真1-13　小口径セットの例（写真はTAMA製。サイズは14"×12"BD、13"×10"TT、10"×6.5"TT）

## ■シンバル

代表的なものにライド・シンバル、クラッシュ・シンバル、ハイハット・シンバルがあります。各部の名称は**写真1-14**を参照してください。

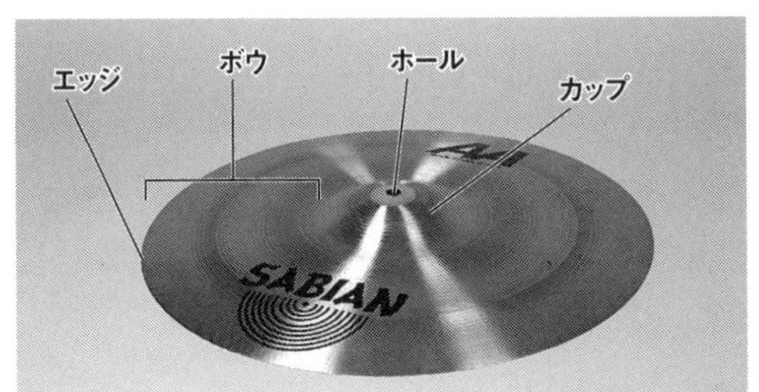


◀写真1-14　シンバル

また、大きさ、厚さ（重さ）、形とも実に多様で、例えば同じ大きさのシンバルでも、その厚さによって音がかなり異なるものです。厚さの表示方法はメーカーによっていろいろですが、薄い順にTHIN、MEDIUM、

HEAVYの3種類で表わされることが多いようです。さらに、THINとMEDIUMの中間はMEDIUM THINという具合いに、さまざまな組み合わせで表示されます。厚さと音の関係は、同じ大きさなら厚いほどピッチが高くなり、音も大きくなります。そして大きさと音の関係は、同じ厚さなら小さいほどピッチが高くなり、音は小さくなります(**表1-2**)。また、表面がキラキラ光るように磨いてあるブリリアント・フィニッシュのように、ビジュアル的にアピールするシンバルもあります。

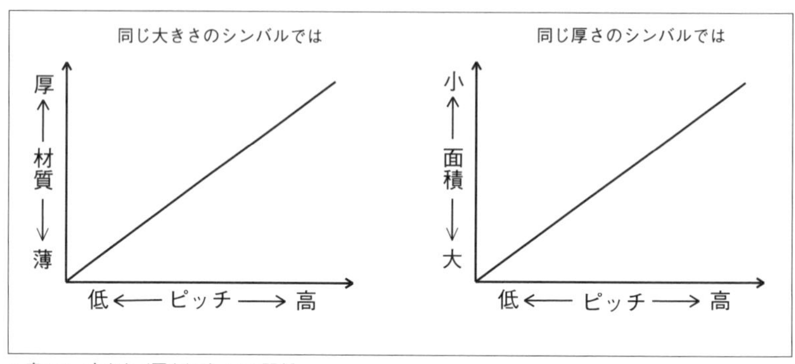


▲表1-2　大きさ／厚さとピッチの関係

では、用途ごとに各種のシンバルを説明していきましょう。

### 1　ライド・シンバル

主にリズムを刻むために用いられるシンバル。トップ・シンバルとも呼ばれます。後に説明するクラッシュ・シンバルに比べると、大きく厚めにできています。18～22インチまでが標準ですが、24インチもあります。一般的に右手で叩くため、右側にセッティングされることが多いものです。シンバルは床に対して角度をつけてセットするほどサステインが抑えられ、音の粒立ちがはっきりします。ライド・シンバルの平均的な角度は45度くらいと思われますが(**写真1-15**)、ロック系のドラマーやジャズのビッグ・バンドのドラマーなどサステインを重視する人は床に対して水平にセットをする場合も多いでしょう。中には逆に床に対して垂直に近くセッティングする人もいるので、いろいろな角度を試してみると良いでしょう。

▲写真1-15　角度をつけてセッティングした場合

▲写真1-16　水平ぎみにセッティングした場合

この他に、ライド・シンバルのバリエーションとしては、シンバルに小さな穴を空けて、そこに金属製のリベット（鋲）を打ち込んだシズル・シンバルがあります。叩いた振動でリベットが震えることで、“ジィ〜ッ”というノイジーな成分を含んだ、厚みのある独特な余韻が得られます。サスティンが長く持続するのも特徴的で、ジャズ・ドラマーが好んで使用します。

◀写真1-17　リベットが２個打ち込まれたシズル・シンバル

## 2　クラッシュ・シンバル

主にアクセントをつけるためのシンバルで、サイド・シンバルとも呼ばれます。ライド・シンバルに比べ小さく薄めで、16"から18"くらいが標準。サステインを生かすため、床と水平に近い角度でセッティングすることが多いでしょう。2枚以上使用する場合もあり、メインの1枚はハイハットの前方、もう1枚はライドの左右どちらかにセットするのが定番的。

### 3　ハイハット・シンバル

2枚のシンバルをハイハット・スタンドにセットして左足で踏んで音を出したり、スティックで叩いて音を出したり、いろいろな奏法ができるシンバルです。

標準的な大きさは14インチですが、10～15インチくらいのバリエーションがあります。キレの良い音色を好む人は13インチなどの小口径を使うことが多いようです。

基本的には、トップ（上）よりもボトム（下）に厚めのシンバルをセットします。これを逆にするとハイハット・オープンのときに音がうまく混じり合わなくて、トップ（上）のシンバルの音が特に目立ってしまい、硬い音の印象を受ける場合があります。しかし、中にはこの音が好みでわざと逆にセットする人もいます。さらに、ボトム（下）のシンバルには丸い小さな穴が空いたもの（**写真1-18**）や、エッジが波打っているもの、数ヵ所削られたりしているものがあります。これらはハイハットを閉じたときに、中に空気がこもらずシャープな音が出るようにということで工夫されたものです。

2枚のシンバルをセットする間隔は人それぞれですが、2cm弱から3cmくらいが標準（**写真1-19**）。これは踏み込んだときのハイハット・スタンドのフット・ボードの角度の好みとも関係してくるので、いろいろ試してみてください。

▲写真1-18　空気穴が空いたタイプのハイハットのボトム・シンバル

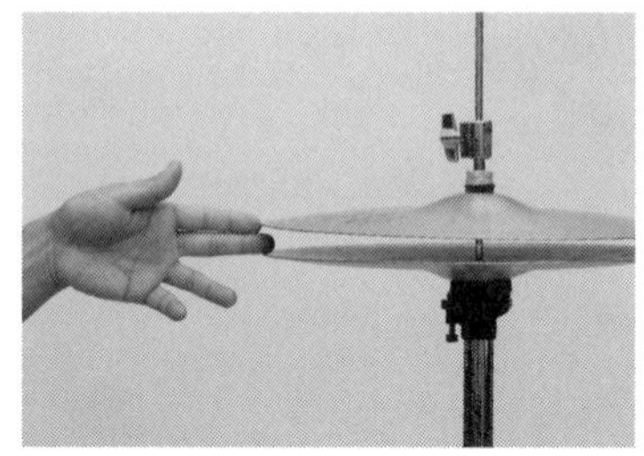

▲写真1-19　一般的なハイハットの上下の開き幅は2センチ弱～3センチ程度

### 4　エフェクト・シンバル

エフェクト・シンバルとは、その名のとおり効果音的に使われることの多いシンバル。個性的な音やルックスを持っています。

### ①チャイナ・シンバル

エッジの部分が逆に反り返った形をしたシンバルです。「グァシャーン」といった、ノイジーで派手な音がします。強烈なアクセントを必要とするときに使ったり、盛り上がったときにはライド・シンバルの代わりとしても使用します。

標準サイズは16～20インチで、フュージョン系のドラマーの間では14インチという小さめのサイズのものもよく使われています。ルックスも派手なので、セッティングの仕方によってビジュアル的にもかなりアピールできます（テリー・ボジオやカーマイン・アピスなどが良い例）。アタックを強調するため、セッティングも裏返しにされることが多いようです（**写真1-20**）。

▲写真1-20　裏返しにセットしたチャイナ・シンバル

▲写真1-21　スプラッシュ・シンバル

### ②スプラッシュ・シンバル

6～12インチと小さく、極薄のシンバルです（**写真1-21**）。"カシュッ"という短い音がします。特にフュージョン系のドラマーには好んで使われているようで、2枚以上のスプラッシュ・シンバルをセットしている人も珍しくありません（ヴィニー・カリウタ、スティーヴ・スミス、ディヴ・ウェックル、マヌ・カチェなどなど）。短いアクセントが欲しいときに使用したり、フィルインに組み込んだり、使い方はいろいろです。また、とても割れやすいシンバルなので、必要以上に強く叩きすぎないよう注意してください。

### ③ベル／カップ・チャイム

ライド・シンバルのカップだけを取り出したような小さなシンバル

です。“カーン”もしくは“チン”というハイ・ピッチな音がします。使用する人はあまり多くありませんが、それだけにオリジナリティをアピールできるアイテムといえるでしょう。チャド・ワッカーマン、テリー・ボジオなどが効果的に使っています。

▲写真1-22　ベル

④重ねシンバル（スタック・シンバル）

シンバルを2枚重ねて、エフェクト・シンバルの効果を得る方法もあります。例えば、チャイナ・シンバルの内側にスプラッシュを重ねたり、通常のクラッシュの上に小型のチャイナ・シンバルを重ねるなどが定番。余韻が短めでアタックの強調された音色が得られます。自分なりのアイディアをいろいろと試してオリジナルのシンバル・サウンドを作り出すのも楽しいかも！

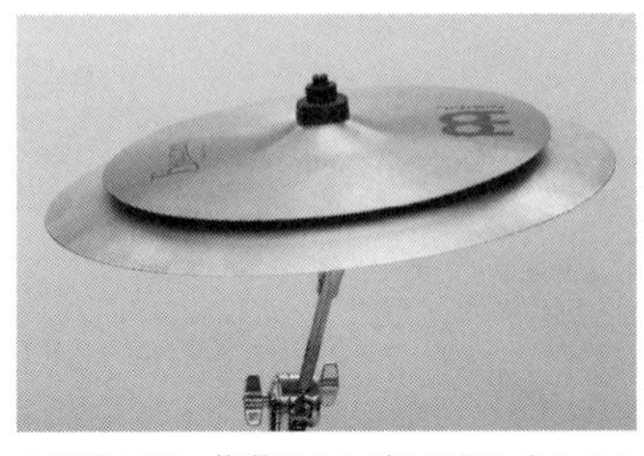
▲写真1-23　複数のシンバルを組み合わせた重ねシンバル。手持ちのシンバルを組み合わせることで好みのエフェクト音を作る

## 汚れたシンバルは磨くの？

人それぞれの好みでしょうが、磨かない人も多いでしょう。私も乾拭きくらいで、ほとんど磨くことはありません（本当は乾拭きも滅多にしなかったりするけど）。

“めんどうだから”というのだけが理由ではありません。なぜならばピカピカのシンバルよりも使い込まれて、指紋がたくさん付いて、ある程度曇ったように汚れたシンバルの音の方が好きだからです。汚れがミュートのような働きをして、高い倍音が適度に抑えられて音が落ちついてくるせいだと思います。ライド・シンバルが新品のときには、わざとベタベタ触って指紋を付けたりもします。

しかし、どうしてもシンバルはピカピカじゃないと嫌だという人は、洗剤などで水洗いするか、汚れのひどいときは、シンバル・クリーナーがちゃんと販売されているので、それを使って綺麗にするという方法があります。水洗いしたときは、よく乾かすことが大切です。また、シンバル・クリーナーは、研磨剤が入っている場合もあり、あまり頻繁に使用すると音質が変わることもあるので要注意！

## 2 ハードウエアについて

太鼓やシンバル本体だけではなく、スタンドやペダルといったパーツ類も楽器の重要な一部です。まずはスタンド類から見ていきましょう。ドラム・セットで使われるスタンドには、スネア・スタンド、シンバル・スタンド、ハイハット・スタンドなどがあります(**写真1-24**)。

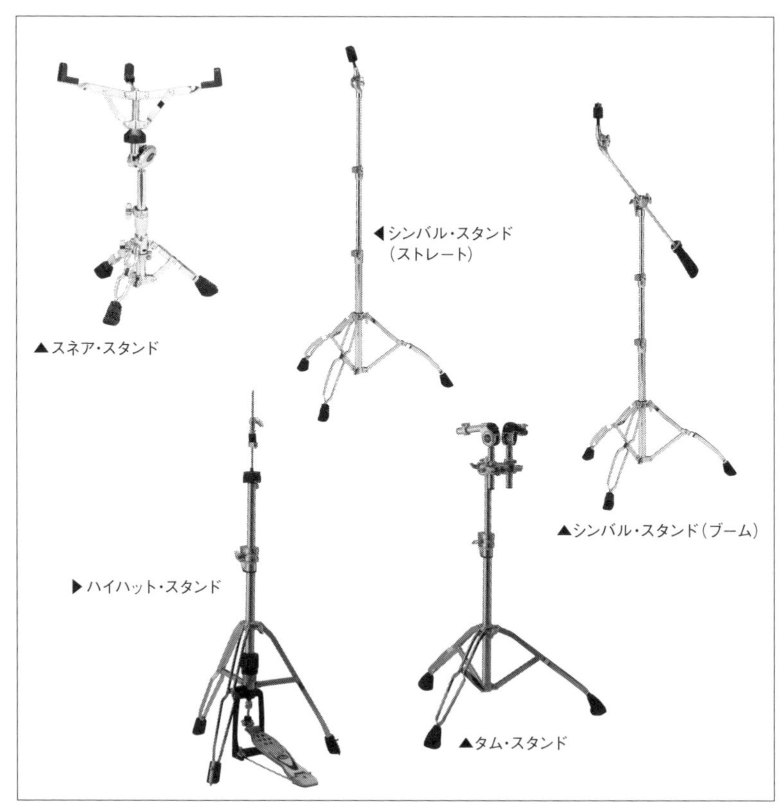


▲写真1-24　さまざまな種類のスタンド類

### ■スネア・スタンド

スネア・スタンドは、スネア・ドラムを3本のアームで固定し、叩きやすい高さや角度を付けて安定させるもの。スネア・ドラムはリズムの2拍4拍のアクセントなどでハードに叩かれるので、演奏中に揺れたり、動いたりしてはプレイに集中できません。ですから、安定感のあるものを選んだ方がいいでしょう。脚の部分が二重になっているダブル・レッグ・スタンド(**写真1-26**)はパワー・ヒッターに向いています。

また角度の調整部分は、一方向への調整しかできないものと、前後左右のどの方向にも自由に調整できるものと2種類あります。ちなみに私は前者を使用していますが、シンプルな操作性を気に入っています。このあたりはあくまで好みの問題といえるでしょう。

▲写真1-25　シングル・レッグ・スタンド

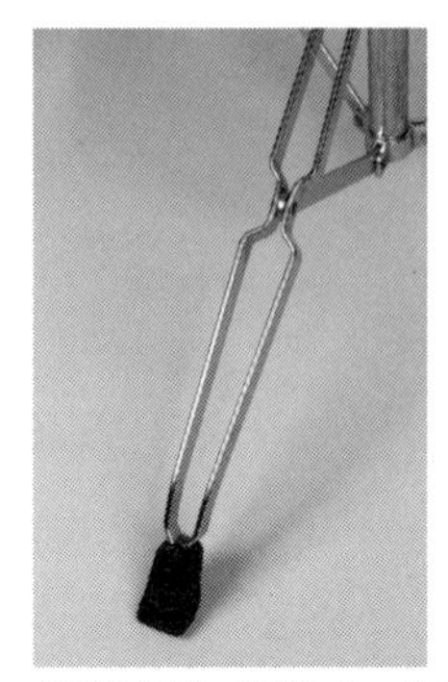

▲写真1-26　ダブル・レッグ・スタンド

スネア・ドラムをセットするときには、スタンドのアーム部分で裏のヘッドを傷つけないように、しっかりとスタンドにはまっているかどうかをチェック。また同時に、アームの位置にストレイナー(スナッピーのスイッチ)の部分や、ボルトの部分がこないよう気を付けること。ストレイナーは時計の6～9時くらいの位置にセットすると操作しやすいです。

## ■シンバル・スタンド

ストレート・スタンドとブーム・スタンドの2種類に大きく分けられます。タムやシンバルをたくさんセットするドラマーにとっては、セッティングの自由度の高いブーム・スタンドが便利です。各メーカーから何種類ものバリエーションが出ていますが、やはりパワー・ヒッターには安定感のあるダブル・レッグ・スタンドが向いています。

ただし、必要以上に重量のあるものやブームのアームの長すぎるものは、持ち運びに苦労する上、セッティングの場所をとりすぎて不便だったりすることもあります。自分の音楽性やドラムのスタイルに合わせて選ぶことも必要です。価格的にも上から2、3番目のグレードのもので十分な場合も多いかもしれません。

ブーム・スタンドをセットするときは、ブームの方向を三脚の脚のうちのひとつの方向と揃えると安定感が向上します(写真)。また、シンバルをセットするシャフト部分には、必ずプラスティックやビニールなどでできているパイプを差し込んでおくこと。これがないと、金属同士が直接触れることによって起こるノイズが発生したり、シンバルの穴が変形することもあります。このビニール・パイプは消耗品なのでこまめにチェックして交換しましょう。

## ■ハイハット・スタンド

2枚のシンバルをセットして足で操作するスタンドです。トップ(上)のシンバルはハイハット・クラッチというパーツで固定されます。これは**写真1-28**のような構造になっています。シンバルは2枚のフェルトの間に

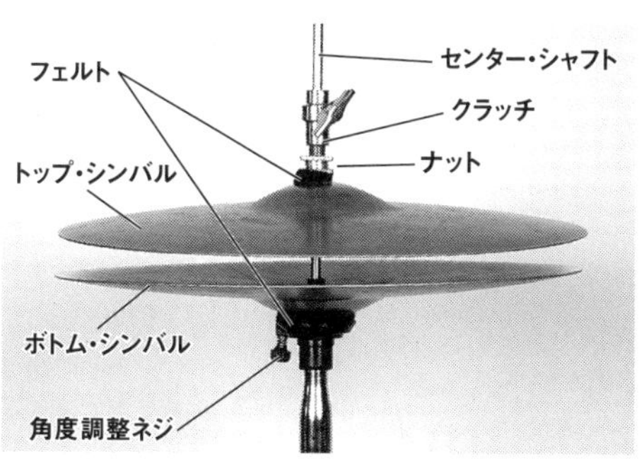


◀写真1-27　ハイハット・スタンドの構造

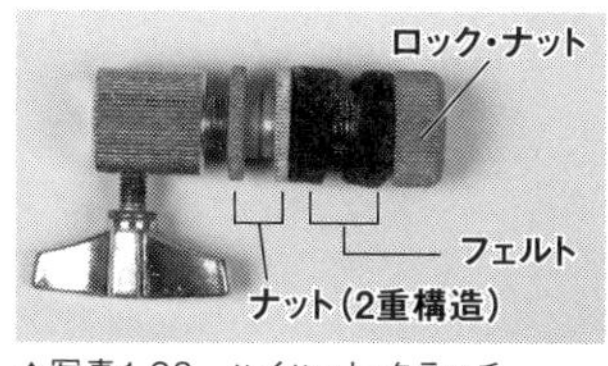


▲写真1-28　ハイハット・クラッチ

セットされ、その締め具合いを上のナットで調節します。このナットは2重構造になっていて、ナット同士を締め合わせてしっかり固定する、という仕組みです。

最近のハイハット・スタンドは、低価格の製品でも滑り止めのスパイクが付いているなど、しっかりした構造を持っています。そこで、スプリングのテンションが調節できるかどうかという点を基準にして選ぶといいでしょう。また、テコや滑車の原理を応用し、普通のペダルの約半分の力で踏み込むことができるモデルも登場しています。価格の高いものが必ずしも自分に合っているとは限らないので、実際にお店でシンバルをセットしてもらって踏んだ感触を確かめてから選ぶのがベストです。さらにツーバスやツイン・ペダルを使用するドラマーにとっては、二脚仕様や三脚部分を回転させることによって開く位置を自由に決められるモデルが便利でしょう。

ハイハット・スタンドにはこの他にタイプの異なるものがあります。バリエーションは以下の通りです。

### 1　リモート・ハイハット

ハイハットのセンター・シャフトの中間部分を一部ワイヤーにして、自由な位置にハイハット・シンバルをセットできるスタンドです（**写真1-29**）。セカンド・ハイハットとして使用する場合は右側に、メイン・ハイハットとして使う場合は左側やや前方にセットして使う人が多いでしょう。普通のハイハット・スタンドに比べると、動きはやや重くなりますが、慣れてしまえば問題はないでしょう。アイディア次第で使えるスタンドです。

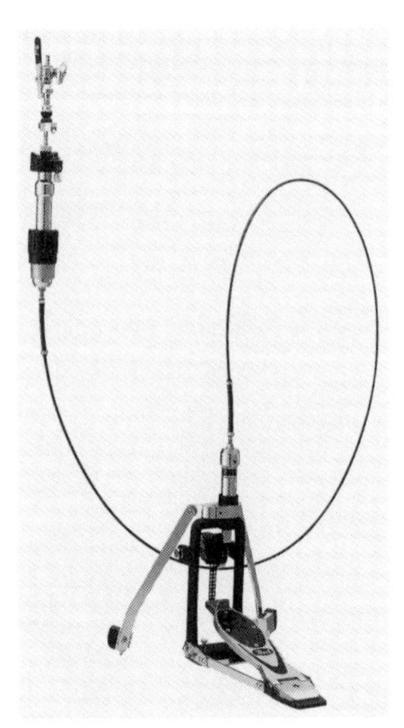

▲写真1-29　リモート・ハイハット・スタンド

ハイハットのトップ側のシンバルは緩めにセットすると揺れが大きくなり、ややルーズなサウンドになります。ジャズやハーフ・オープンを多用する人にはよく見られます。またシンバルの裏側のロック・ナットは、演奏前にきちんと締まっているかどうかチェックしておかないと、途中でシンバルが外れることがあるので注意しましょう。

### 2　クローズド・ハイハット

ハイハット・シンバルの閉め具合いを一定にセットし、シンバル・スタンドなどに固定してしまうハイハット・スタンドです（**写真1-30**）。足でコントロールすることはできません。ツー・バス演奏時のハイハット・プレイに使用したり、セカンド・ハイハットとして使ったりします。

◀写真1-30　クローズド・ハイハット

ハイハット・スタンドをケースに片付けるときには、芯棒が曲がらないように注意。必ずメイン・パイプに差し込んだまま片付けるようにしましょう。

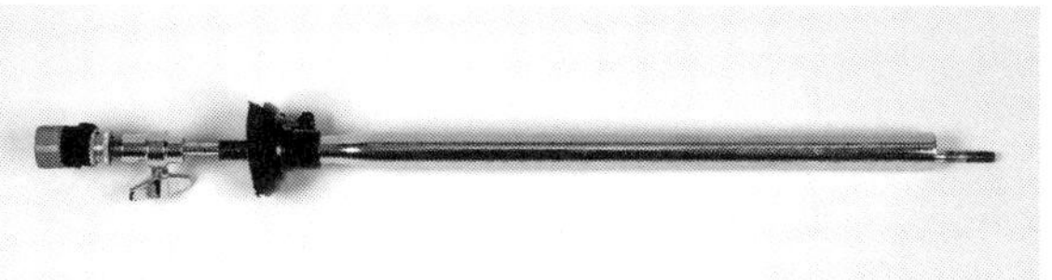

## ■フット・ペダル

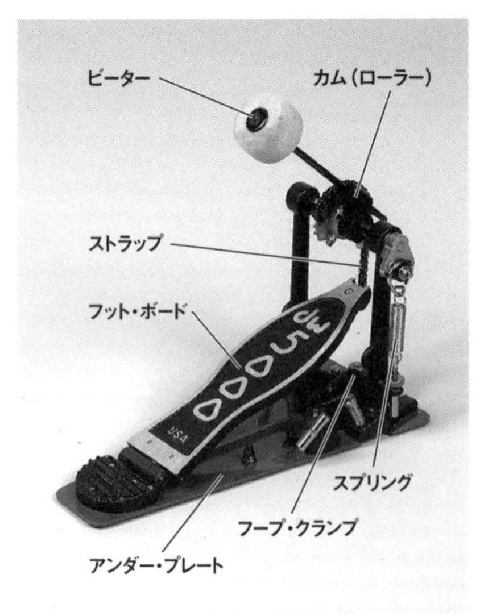

▲写真1-31　ペダルの構造

バス・ドラムを演奏するためのペダルで、手よりも反応が鈍い足の感覚を正確にバス・ドラムに伝えるためのパーツです(**写真1-31**)。さまざまなメーカーから多くの種類が出ていますので、購入の際は練習スタジオや楽器店などで実際にいろいろ踏んでみて、自分に一番フィットするものを選びましょう。また、調整機能もたくさんついていますので、スプリングの強さや、プレート、ビーターの角度など、自分の一番好きなポイントを探す努力も必要です。ここではフット・ペダルの各パーツを見ていきましょう。

### 1　ストラップ

ストラップの種類は、主にチェーン・ドライヴとベルト・ドライヴ、ダイレクト・ドライヴの3種類。チェーン・ドライヴは、力がストレートに伝わり、動きも素直。耐久性もあるので、現在の主流となってます。そして、ベルト・ドライヴは柔軟で軽快な動きが魅力。さらに、金属パーツで連結されたダイレクト・ドライヴは、ブレの極端に少ない動きが特徴的。ただし、調整によっては踏み心地にやや癖が出る場合もあり、このあたりは好みの分かれるところでもあります。

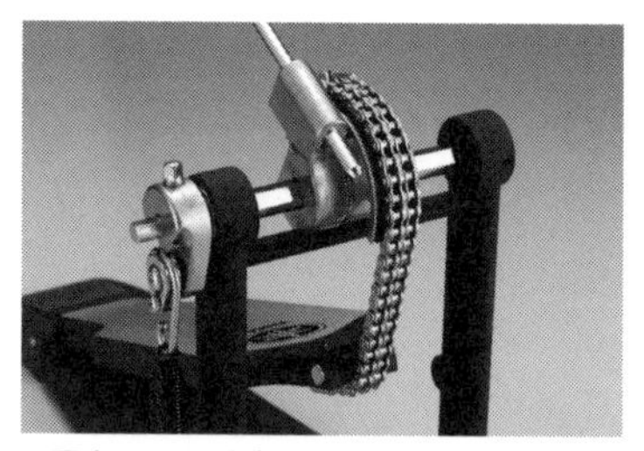

▲写真1-32 ダブル・チェーン・ドライヴ

▲写真1-33 シングル・チェーン・ドライヴ

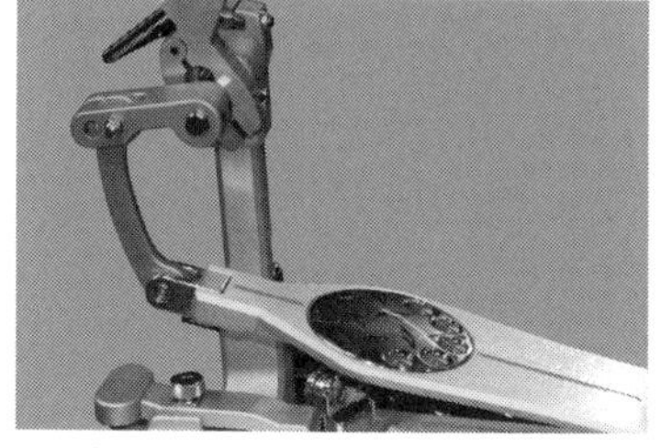

▲写真1-34 ダイレクト・ドライヴ

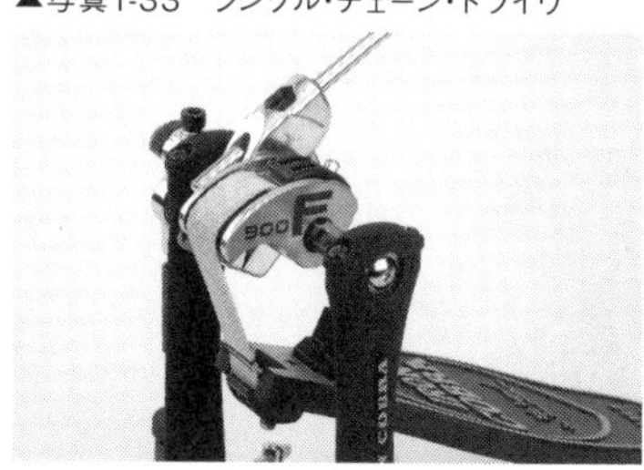

▲写真1-35 ベルト・ドライヴ

### 2 カム(ローラー)

チェーンやベルトの力の伝わるカムやローラーの部分は、大きく分けて円形のタイプと楕円形のタイプの2種類があります。円形のタイプは“真円カム”と呼ばれ力の伝わり方が自然で素直な操作性です。楕円形のタイプは“偏心カム”と呼ばれ、踏み込んでいくと途中からグッと加速する感じでパワーは出しやすいのですが、操作には少し慣れが必要かもしれません。(慣れてしまえば音の強弱も付けやすいでしょう)。最近では形状の違うカムを付け換えることによって、1台で複数のアクションを使い分けられるペダルもあります。

### 3 フット・ボード

フット・ボードの大きさやデザインもいろいろです。個人的にはフット・ボードの大きさが小さいと、足の動きがストレートにペダルに伝わる感じで、逆に大きいとフット・ボードの動きが足の裏に伝わりやすいという印象を受けます。フィット感があるのが小さい方で、安定感があるのが大きい方という感じでしょうか。感覚的でわかりにくいかもしれませんが、とにかくフット・ボードの大きさによっても踏み心地がかなり変わるものです。フット・ボードに刻まれたパターンも縦線の入っているものや横線の入っているもの、メーカーのマークが大きく入っているものなどいろいろあります。縦線のものは、前後に滑りやすく、スライド・ステップがやりやすいということがいえますが(P66参照)、慣れてしまえば、特に大差はないでしょう。フット・ボードが滑りやすくて嫌な人は、フット・ボードに布製のガムテープを貼って滑り止めにする方法もあります(**写真1-36**)。

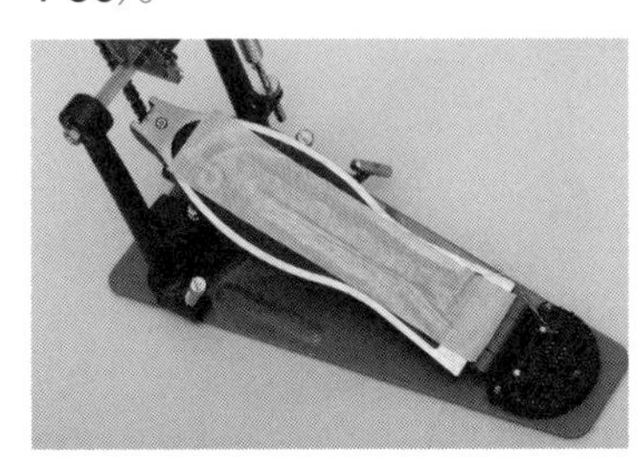

◀写真1-36　フット・ボードに滑り止め用のガムテープを貼る例

## ツイン・ペダル

左足で写真のスレイブ・ペダルと呼ばれるフット・ボードを踏んで、ドライヴ・シャフトでつながったスレイヴ側のビーターを操作することにより、ワンバスでもツーバスのように"ドコドコ"とバス・ドラムを連打することができるのがツイン・ペダル。フュージョン系のテクニカル・ドラマー達にもかなり普及しています。これを持っていれば、ツーバス・ドラマーの普段のバンド練習のときにも役立ちます。また、ツー・バスのセッティングができないライヴにも手軽で便利です。

ただし、「左右同時に踏むボース奏法と呼ばれる奏法ができない」、「1つのバス・ドラムを連打するため、サウンドがツーバスに比べてタイトになる」などツーバスとの異なる点も多くあります。

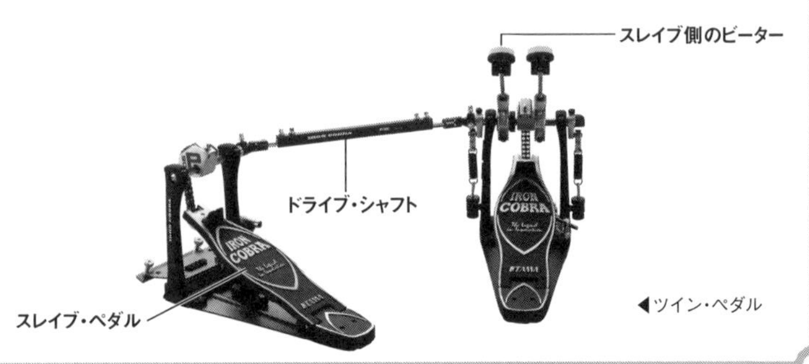


◀ツイン・ペダル

### 4 アンダー・プレート

ペダルの下についているアンダー・プレートは、ペダルの安定性を高めるパーツで、カッチリとした踏み心地になります。しかし、かえって遊びがなくなり、好きではないというドラマーも中にはいます。ジェフ・ポーカロもアンダー・プレートのついていないDWのペダルを愛用していました。

### 5 ビーター

音に直接影響を与えるビーターも、いろいろな種類のものが別売りされています。円柱の形をした一般的なものから、正方形や球形のものなど、その形もいろいろです。材質にも一般的なフェルトのほかに、プラスティック、木、ラバーなどがあります(**写真1-37**)。フェルトの場合は深みを持った豊かな音が出ます。ただし、同じフェルトでも目が詰まっていれば固く重い音が出るし、柔らかければ軽い感じの音になります。そして木やプラスティックのビーターはアタックの強い固い音がするので、ハード・ロックなどに適しています。ビーターによっては、1本でフェルトとプラステックの両方の音色を選べるタイプのものや、ビーターのアタマの素材部分だけを取り換えられるものもあります。

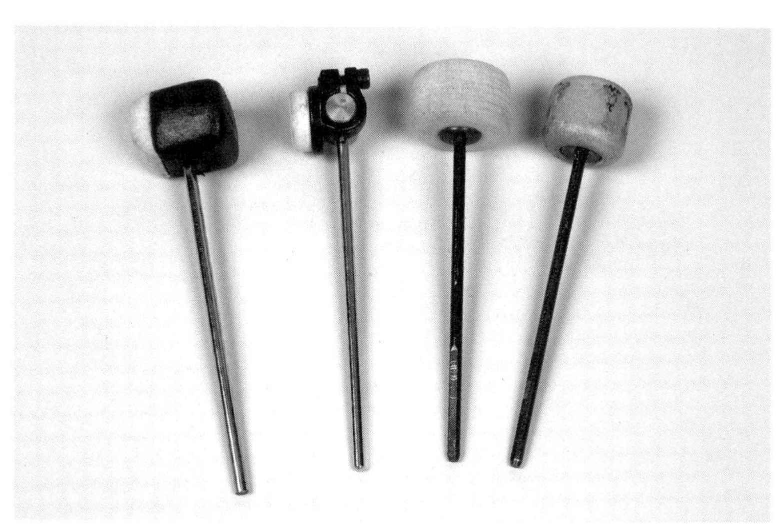

▲写真1-37 左からフェルトとプラスティックの2面ビーター、素材部分を交換できるビーター、一般的なフェルト・ビーター、ウッド・ビーター

ビーターのシャフトの長さによっても、ペダルの踏み心地は大きく変わってきます。スプリングをゆるくした場合にもペダルが重く感じられる人は、シャフトを少し短めにセットするといいでしょう。逆にもっとパワーが欲しい人、重い感触の欲しい人は、シャフトを長めにセットするといいでしょう。ただし、ビーターがバス・ドラムの打面の中心から外れ過ぎると音色にも影響を与えてしまいます。また、あまりにもビーターを短くしすぎると、余ったシャフト部分でヘッドを傷付けることもあるので注意しましょう。

### ■イス(ドラム・スローン)

ドラムのイス(ドラム・スローン)は音とは直接関係ないものなので、ついつい軽く考えられがちです。しかし、足も演奏に活用するドラマーにとってイスは、自分の足の代わりになってくれる大切なパーツです。これがグラグラするようでは安定したリズムは叩けません。イスは自分の下半身、というような気持ちでしっかりしたものを選びましょう。最近では長時間の演奏でも腰に負担をかけない背もたれ付きのイスや、丸以外の形のものもあります(**写真1-38**)。またシートはあまり柔らかすぎると身体が安定せず疲れやすいので、適度な固さを持ったものが適しています。

▲写真1-38　座面は一般的な丸型の他に、サドル型などさまざまなタイプがある

# 3 スティック

　ドラムを始めるにあたって、何よりもまず最初に揃えなければならないのがスティックです（**写真1-39**）。スティックは1セット800～1,500円くらいするので、決して安い買い物とはいえません。購入する前に、スティックの知識を少し頭に入れておきましょう。

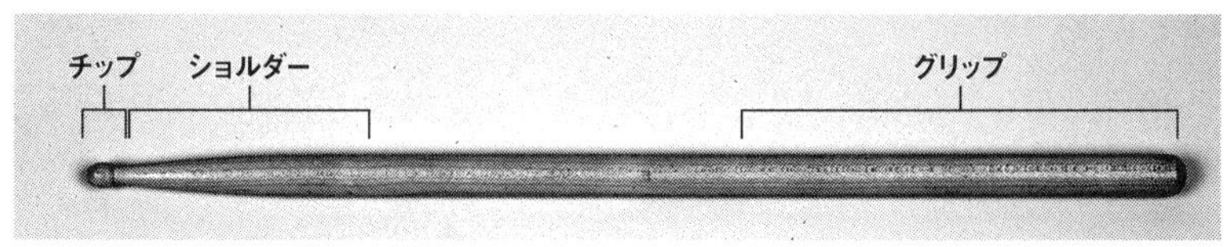


▲写真1-39　スティック各部の名称

## ■長さ／太さ

　スティックは、長さと直径をmm（ミリメートル）で表示します。長さは400mm前後が標準的。太さは13～16mmくらいまでのバリエーションがありますが、14mm前後が標準的。中には18mmくらいの極太のものもあります。

## ■材質

　スティック用に使われるのは、主に以下の3種類の木材です。

### 1　ヒッコリー

　最もポピュラーで、愛用者が多いのがこれ。適度に柔らかく、しなりやすい木なので、スティックのリバウンドをコントロールしやすいのが最大の長所です。ただし、スティックがささくれたり、チップがはがれやすいというデメリットもあります。

### 2　オーク

　木が固く重いオーク材のスティックは、折れにくく耐久性があり、音色もパワフルだという点が特徴。木材も豊富で入手しやすく、値段が比較的安いというメリットもあります。ただし、音に対する柔軟性が低いのが難点かもしれません。

### 3　メイプル

木が固く、そのわりに軽いのがメイプル材のスティック。太いスティックが好みだけど、ヒッコリーでは重すぎるという人にもピッタリでしょう。また、ライド・シンバルを叩いたときの“カツカツ”という独特の音も魅力のひとつ。その反面、やや耐久性に欠けるデメリットもあります。

## ■チップ

スティックの先の部分をチップと呼びます。いろいろな形がありますが、これが音にも大きな影響を与えるのでいろいろ試してみてください。特にライド・シンバルの音にはその特徴が大きく表われるはずです。

その分類は、丸型、角型、卵型、三角型などいろいろ（**写真1-40**）。丸型はヒットする面積が一定しているので、安定した音質や音量を得ることができます。そして角型、卵型、三角形となるにしたがって、ヒットする角度により音質に変化が付けやすくなり、同時に繊細な表現もしやすくなります。ただしビギナーの人はそれほど神経質になる必要はないでしょう。また、チップの面積が大きくなればなるほど、太くパワフルな音になり、小さいほど繊細でシャープな音になります。

中にはチップのない棒状のモデルもあり、細いタイプはパーカッション用、太いタイプはパワー・プレイ用です。その他にプラスティックでできたナイロン・チップもありますが、これはライド・シンバルの音がクリアな点が特徴。チップに耐久性があり、音色が安定するのもメリットです。

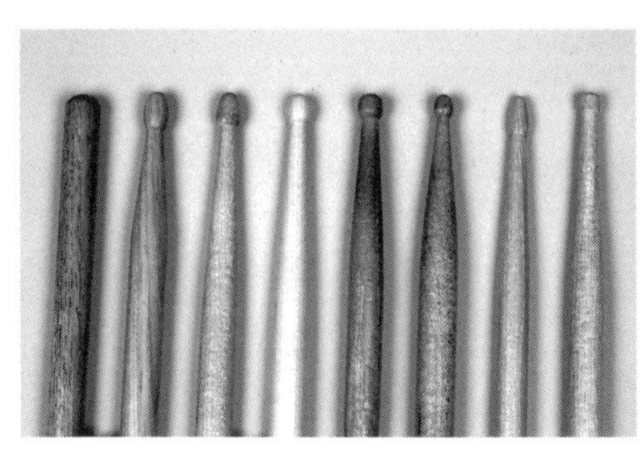

◀写真1-40　いろいろなチップの形状

## ■スティックの選び方

スティックを楽器屋へ買いに行くと、ビックリする光景にお目にかかることがよくあります。私が選んでいる横に若いドラマーがいきなりやってきて、お目当てのスティックの棚からおもむろに1セットつかみ出し、軽く素振りをしてそのままレジに向かってしまう。しかしそんなとき、私はいつも心の中で叫んでしまいます。「ちょっと待て！　君はそのスティックで本当にいいのかぁぁ！」と。忘れないでください。スティックも楽器だということを。もう少し慎重に選ぶべきではないでしょうか？

選び方がよくわからない、という人は以下に挙げた私の選び方を参考にしてみてください。

### [選び方1]

**①まず木目をチェック**

縦一直線に美しく木目が入っているものがベスト。木目が横や斜めになっているものは、折れやすかったり、曲がりの原因になります。

**②選んだスティックをガラス・ケースの上など水平な場所で転がして、反り具合いをチェック**

反っているものはグネグネと転がるので一目でわかります。

**③ハカリが設置してあれば、それで同じ重さのペアーを選び出す**

ハカリがない場合は素振りなどをして自分の感覚で選びます。同じモデルでも、木の質によってかなり重さが違います。そのうち、自分の好みの重さがどれぐらいなのかが経験的にわかってくるはず。

**④最後にピッチをチェック**

スティックを親指と人差し指で軽くつまんで、自分の頭を軽く叩いてみましょう。いいものは“コンコン”と明るいスティックの音が頭に響いてくるはずです。そしてスティックにもピッチがあるので、なるべく同じ音程のスティックを選ぶこと。これが揃っていないと、左右の音がバラバラになります。また、“ビンビン”とか“ゴンゴン”とか、抜けの悪い音のスティックもリバウンド感が悪いので避けた方が良いでしょう。

**⑤こうしてやっと残ったスティックが合格！**

また初心者は、初めてスティックを買うとき、種類がたくさんありすぎてどのモデルを選んだらいいのか迷うことが多いかもしれません。以下のポイントを参考にしてみてください。

[選び方2]

**①パッと握ったときに感覚的にシックリくる太さ**

ただしオークやヒッコリーのスティックの場合は、あまり太いと重すぎるので避けた方が無難です。太さの目安は14mm前後と考えてください。

**②長さに注意**

あまりに長いものは、初心者には扱いにくいので、400mm前後が無難です。

**③何といっても、最後の決め手はルックス**

初心者はチップの形で音がどうこうというより、見た目が気に入るかどうかが大切。"チップが小さいからカワイイ"とか"色が黒くてカッコいい"とか、どんな理由でもかまいません。何よりも、自分のスティックに愛情を持つことが大切。なぜならば、スティックも楽器だからです。

## ■スティックの寿命

スティックは消耗品です。折れたときはもちろんですが、チップに使われている木材が浮いたり欠けたりしたら寿命だと考えています。こうなると、ライド・シンバルの音などがクリアに響かなくなります。チップ以外の部分にダメージが少なければ個人練習用に使用することもありますが、ハイハットなどでショルダーが鉛筆のように細く削れてしまったり、リム・ショットをすることで部分的に激しくささくれ立ったスティックは、バランスやリバウンドが悪くなるので交換することをお勧めします。

## ■ スティック以外のドラムを叩く道具

通常のスティック以外にも、ドラムを叩くためにブラシ、ロッズ、マレットなどがあります(**写真1-41**)。

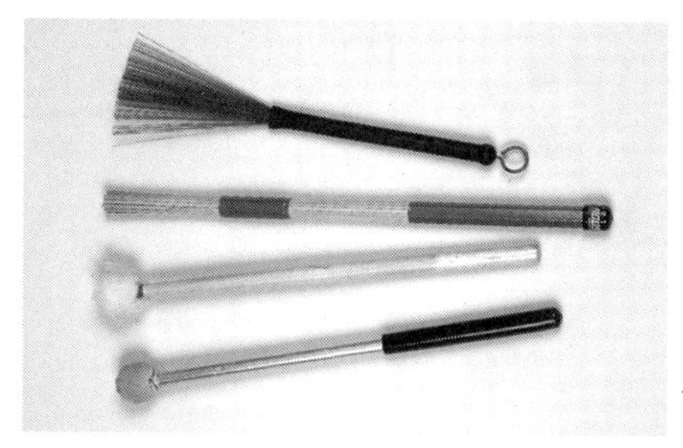

◀写真1-41 上からブラシ、ロッズ、マレット（ソフト・タイプとハード・タイプ）

### 1 ブラシ

主にジャズでよく使いますが、その他にも音量の小さなソフトな曲を演奏するときにも用います。普通に叩いて音を出す奏法と、ヘッドを擦って音を出すスライド（スウィープ）奏法とを組み合わせて演奏します。スライド奏法には表面のザラザラしたコーティング・ヘッド（次の項を参照）などを使用します。材質は金属製のワイヤー・ブラシのほかにナイロン製のものもあります。金属製のものは繊細な音色で、ナイロン製のものは明るくクリアな音色になります。

### 2 ロッズ

竹ひごのような形状の細い木材を束ねたもの。スティックとブラシの中間のような音色でジャンルを問わずに使用されますが、アコースティックのセッションなどで特によく目にします。木材の太さにバリエーションがあり用途によって選べます。またナイロン製の似た形状の製品もあります。

### 3 マレット

ティンパニーやマリンバなどを叩く際に用いる先端にフェルトが付いたもの。アタック音の少ない丸みをおびた音色が特徴で、タムなどを叩くと意外に低音の効いた太い音色がでます。ドラム・セットではシンバルやタムでロールをしたり効果音的に使われることも多いです。フェルトの目の詰まり方によって音色が異なり、ソフト・タイプとハード・タイプなど2種類以上を持ち歩くドラマーも少なくありません。

## 4 ヘッドについて

ヘッドとは太鼓の打面、裏面に装着されている“皮”のことで、現在ではプラスティック製が主流です。音色を左右する重要なパーツです。

### ■ヘッド(皮)

ドラムのヘッドは本来、和太鼓のように本革が使われていました。しかし、湿気などに弱く耐久性も低いので、50年代後半ごろから現在のようなプラスティック・ヘッドが登場してきました。その当時からの老舗で、現在最もポピュラーなヘッド・メーカーは、REMO社とEVANS社でライン・ナップも豊富です。ここでは、REMO社を例に挙げて主なヘッドを解説しましょう(**写真1-42～45**)。

### ■ヘッドの種類

#### 1　コーテッド・ヘッド

表面が白くザラザラとコーティングされているヘッド。最もベーシックなヘッドで、スネア・ドラム用としても人気が高いです。このザラザラがジャズなどにおけるブラシ奏法に欠かせません。3種類厚さがあり、皮が厚い順にエンペラー、アンバサダー、ディプロマットと表示されています。厚いものは太い音、薄いものはカンカンとした高い音が出やすいと言えるでしょう。ちなみに厚いエンペラーのヘッドはフィルムを2枚重ねた構造になっています(次のクリア・ヘッドも同様)。

#### 2　クリア・ヘッド

その名の通り透明なヘッド。表にコーティングされていない分だけ、音が明るく、よく伸びるのが特徴。コーテッドと同様、3種類の厚さがあり、アンバサダーとディプロマットはボトム用(裏面)のヘッドとしても人気があります。コーテッドと同様、音楽性を選ばないオールラウンドなヘッドと言えるでしょう。

### 3 CSヘッド

クリア・ヘッドの真ん中に、ドットと呼ばれる丸いシールを貼ったヘッド。ドットを貼ったことによって、余分な倍音がカットされアタックの強い音が得られます。耐久性もあり、ハード・ロック・ドラマーなどに多く愛用されているようです。またスネア・ドラム用にはCSコーテッドや、以下に説明するピンストライプにドットを貼ったCSピンストライプなどもあります。

### 4 ピンストライプ

フィルムを2枚重ねたヘッドで、倍音を抑えた太く甘い音が出ます。ロックからフュージョンまで幅広く使用される人気のヘッドです

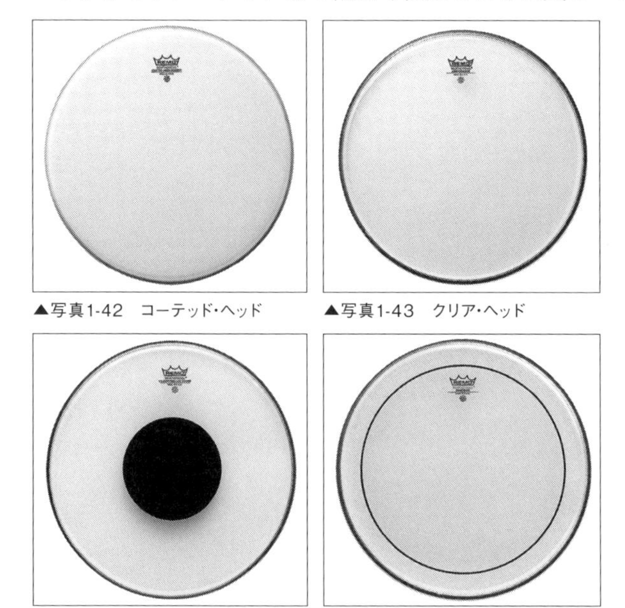

▲写真1-42 コーテッド・ヘッド
▲写真1-43 クリア・ヘッド
▲写真1-44 CSヘッド
▲写真1-45 ピンストライプ・ヘッド

### 5 スネア・サイド

スネア・ドラムのボトム専用のヘッド。ドラムにセットされていないときには、枠の中でフィルムがたるんだ状態になっています。極薄なので取り扱いには十分注意してください。

## ■ヘッド交換

ドラム・ヘッドは消耗品ですが、交換の時期は、叩き方や使用頻度にもよるので一概には言えません。プロの中でも、ステージごとに毎回取り替える人や、逆に使い込んだヘッドの馴染んだ音が好みで滅多に交換しないという人までさまざま。ただし、チューニングが思い通りにできなくなったり、目で見てへこみなど傷みがひどいと感じたときは交換時期の目安となります。また、スネアの裏側のスネア・サイド・ヘッドは薄くて、しかもスナッピーが触れてダメージを受けやすいので、チェックを忘れずに！　うっかりすると、本番に突然破ける危険性もあります。

## ■ヘッド交換の手順

ヘッド交換をするときの手順は、以下の注意点を参考にしてください（**写真1-46**）。

①ドラムを平らなところに置きます。タム・ホルダーなどにつけっぱなしで交換するのは厳禁！

②チューニング・キーでテンション・ボルトを回し、リムと古いヘッドを取り外します。

③古いヘッドを外したら、エッジやシェルの内側にたまったホコリなどをきれいにふき取ります。特にボトム側のエッジ部分にはホコリがたまりやすいものです。

④新しいヘッドを装着し、リムとテンション・ボルトをセットします。このとき、テンション・ボルトにグリースを塗るとボルトを傷つけずにすみます。

⑤ヘッドを締めるときは、まずすべてのボルトを手で締められるところまで回します。それからチューニング・キーを使って1/4〜1/2回転くらいずつ、対角線上に締めていきます。新品のヘッドは締めはじめに“バキッバキッ”と大きな音がする場合がありますが、気にせず作業を続けて大丈夫です。

⑥最初は少しきつめに張り、ヘッドをシェルに馴染ませてからチューニングするとうまくいくはずです。

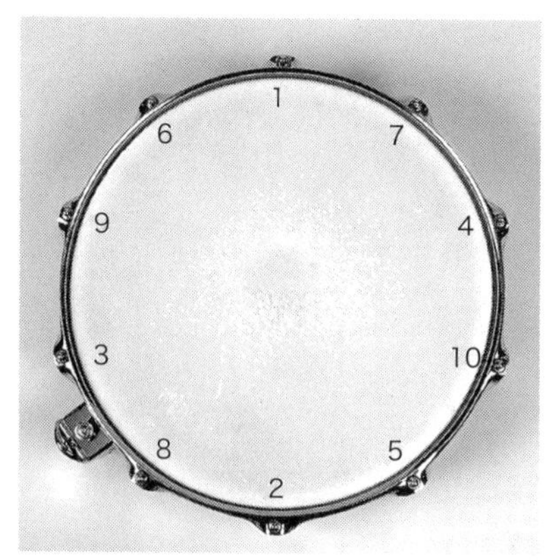


▲写真1-46　テンション・ボルトを締める順番の一般的な例

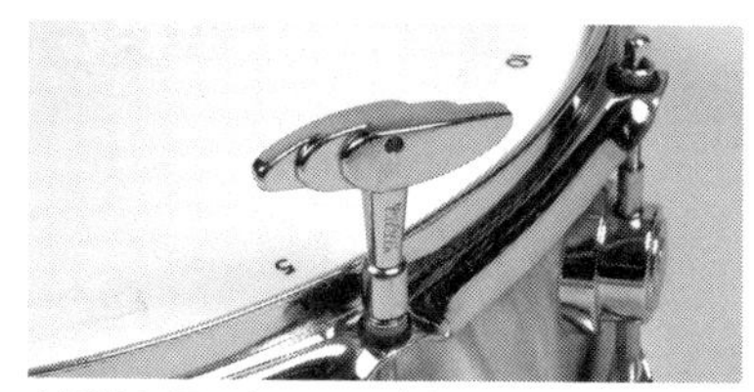

▲写真1-47　チューニング・キー

## 5 チューニング

多くの楽器が演奏前にチューニングを必要とするように、ドラムもテンション・ボルトを締めたり、緩めたりしてチューニングを行います。しかし、ドラムのチューニングは他の楽器のようにある一定のピッチに合わせなくてはいけないというような決まりはありません。従って文章にするのも難しく、試行錯誤しながらいろいろ試して経験を積むのが最適な方法だともいえます。しかし、知っておいた方がいいこともあるので、一応の基本形とポイントを次に述べていきましょう。

### ■ドラムの一番良く鳴るポイントでチューニング

ドラムには、それぞれ一番大きな音の出るポイントがあります。まずはそれを探すことが大切。タムの音程差もそのように探していけば、だいたい自然に決まってきます。そして、その音を基にして微調整を行い、好みの音にすると良いでしょう。

### ■各テンション・ボルトを均等に締めよ

各テンション・ボルトを均等に締めることによって、ドラムは一番自然な鳴り方をします。これが基本形。その方法としては……

①ヘッドの各ボルトから2cmほど離れたところを軽くスティックで叩いて、それぞれのピッチを合わせる。このときヘッドの真ん中を指で軽く触れて、少しミュートするとピッチを合わせやすい。
②各ボルト付近を親指で押して、それぞれのテンションを確認する。
③チューニング・キーでボルトを半回転ほど緩めてから、もう一度締め直して、手の感触で確認する。

どれが一番いいということではなく、状況に応じて使い分けると良いでしょう。私の場合、バス・ドラムのときは②と③、スネア・ドラムのときは①と③、タムのときは①、②、③すべてという具合いに使い分けています。タムなどのボルトを部分的に1本だけ緩めて、“ドゥン”というような短いサステインの音を作るなど、独自のチューニングもできますが、まず基本形を作ってからいろいろ試すようにしましょう。

### ■表と裏のヘッドのバランスが重要

裏のヘッドには、表のヘッドを叩いたアタック音を共鳴させてサステインやピッチを調整するという大切な役割があります。タムなど表のヘッドがきちんとチューニングされていたとしても裏のヘッドのピッチがメチャクチャになっていると、音の高低が逆に聴こえてしまう場合もあります。つい、表のヘッドばかりに神経がいきがちになりますが、裏のヘッドのチューニングにもしっかり気を配ることが大切です。

表と裏のヘッドのチューニング・バランスは、やや裏ヘッドを"高め"に張ると適度なサステインのあるオーソドックスなチューニングになります。逆に裏を"緩め(低め)"に張るとサステインが少し抑えられてアタックが強調された感じになります。

## ■タムの音程差を利用したチューニング

これも特に決まりはありませんが、一番低いタムから高いタムまでを、「ド・ミ・ソ」のような3度間隔の目安でチューニングするという方法があります。これはあくまで目安であり、厳密に何かのピッチに合わせる必要はありません。その一例として、一番低いタムから高いタムまでを競馬のファンファーレの音程をイメージしながらチューニングするという方法があります(**譜例1-48**)。

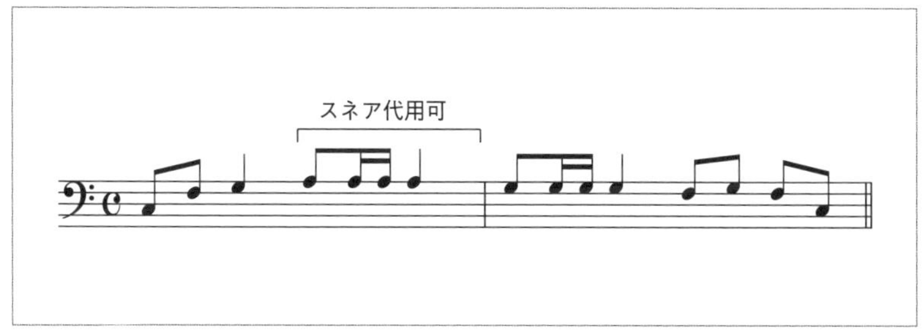


▲譜例1-48 タムの音程差を利用したチューニング タムが3つの場合は一番高い音をスネアで代用してイメージするのも良い

## ■アタック重視のバス・ドラム

ロック系ドラマーなどのチューニングで、アタック重視の重低音がほしいときなどは、ヘッドをシワが寄る直前までわざと緩めるということもあります。また、バス・ドラムをセットしたとき上側にくる2本のボルトを少し緩めてもアタック感を強調することができます。このとき、同時に踏み心地を変えることもできます。

## 6 ミュート

チューニングと同時に、ドラムのサウンドを作る上で、大切なのがミュート。ミュートはドラムの音量やサステイン、余分な倍音などを調整するときに用います。それによって、ドラム・セット全体のバランスや各ドラムの音の分離が良くなり、演奏しやすさや、録音時などのマイクへの音の乗りが向上します。

では比較的よく使われるミュート方法を紹介していきましょう。

### ■スネア・ドラムのミュート法

#### 1　ガムテープ・ミュート

①ガムテープはミュートするときに最も重宝する欠かせないアイテム。10cm前後の適当な長さに切り、ヘッドに直接貼ります（**写真1-49**）。必要に応じて2枚3枚と足していくと、より効果があります。

②ガムテープの粘着力のある側を外側にして円筒形に丸め、リム寄りに貼ります（**写真1-50**）。手軽な上、音量や音質をあまり変化させずに余分な倍音だけをコントロールすることができるので、とても人気のある方法です。

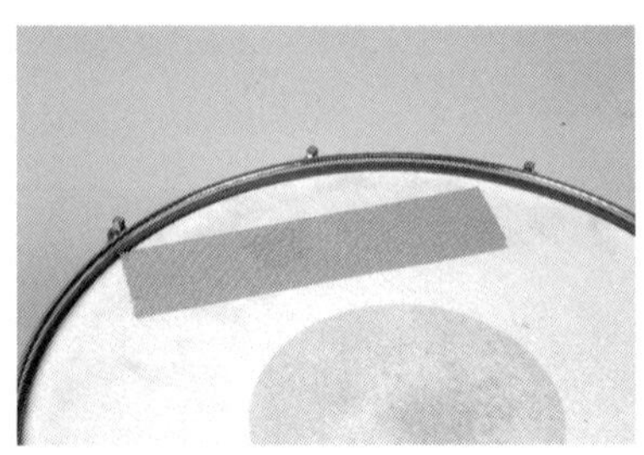

▲写真1-49　直接貼る例

▲写真1-50　円筒型に丸めて貼る例

### 2 ペーパー・ミュート

ティッシュ・ペーパーやペーパー・タオルなどを適当な大きさに折って、ガムテープでヘッドに貼ります（**写真1-51**）。ミュートの代表的な方法として一時期とても流行り、ミュート効果もかなりあります。ドラムの音量を小さく抑えたい時や、敢えて70年代などの昔風な余韻の少ない音色を狙う時にも使われます。

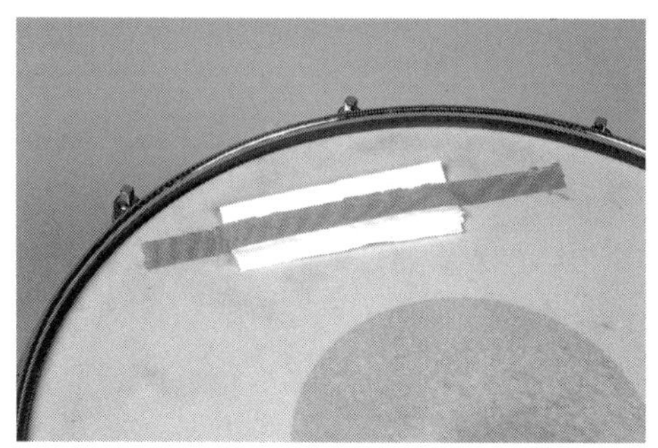

▲写真1-51　柔らかい紙をガムテープで貼る

### 3 リング・ミュート

もともと古くなったヘッドをドラマー各自がリング状にくり抜いてミュートに使用していました（**写真1-52**）。現在では、各メーカーから商品化もされています。幅の太さにより、ミュートの効果に違いはありますが、円周上をすべてミュートするので余分な倍音が大幅にカットされ、低音の強調された太い音色が得られます。また、リングを適当な大きさに切りガムテープで軽く留めて使う人もいます。

▲写真1-52　リムの内側にリング状にくり抜いたヘッドを置く

## ■タムのミュート法

タムはスネア・ドラムやバス・ドラムに比べてノー・ミュートで使用されることが多いです。しかし必要なときは、スネア・ドラムと同様、ガムテープ・ミュートやペーパー・ミュートを行います。また、ピッチはそのままでサステインを少なくしたいときには、ウラ側のヘッドを少しミュートするのも効果的です。

## ■バス・ドラムのミュート法

### 1　毛布／クッション／枕

バス・ドラムの場合、毛布やクッション、枕などを中に入れてミュートするのが最もポピュラーな方法です（**写真1-53**）。中に入れる量やヘッドに接する量でミュートの効果を調整できるのでいろいろ試してみてください。叩いてるうちに動いてしまうような場合は、ガムテープで固定すると良いでしょう。毛布素材はナイロンよりも毛の方がミュートの効果が高く締まった音がします。また打面だけではなく、フロント・ヘッドにどれだけ接するかによってもサウンドは変化します。

▲写真1-53　毛布やクッションなどを入れる

▲写真1-54　スポンジを入れた例

### 2　スポンジ

クッションなどに使用する大きめのスポンジを入れるのも、効果的なミュートの方法です（**写真1-54**）。スポンジを好みの大きさに切ってガムテープで固定しても良いでしょう。適度なサステインの効いた自然な鳴りになります。

### 3 ガムテープ

打面のビーターの当たるポイントに貼るとアタック音が強調されます。またこの方法はヘッドの保護にもなり、耐久性も増します。ただし、ビーターに木やプラスティックを使用している場合、ガムテープがすぐにはがれて粘着成分が表に出てきてしまいます。こうなるとベタベタしてビーターが素直に戻らなくなってしまう事態に陥ることもあるので注意が必要です。その場合は市販されているインパクト・パッドというパーツを使用するといいでしょう。またガムテープをフロント・ヘッドの裏側に貼ってミュートすると、輪郭のハッキリしたタイトな音になります。

### 4 ウエイト

バス・ドラムのミュートの上にウエイト(**写真1-55**)を置くことによって、音が重く締まります。また、毛布などのミュートのズレも防ぐので一石二鳥です。メーカーから製品化もされていますが、ダンベルなどを使っても十分代用できます。

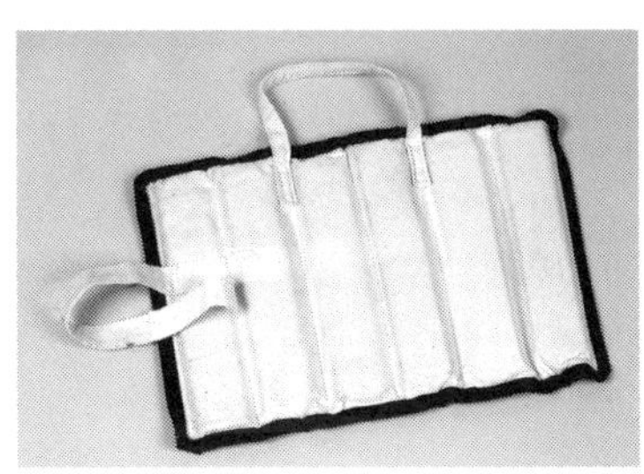

▲写真1-55 市販のウエイト

## ■シンバルのミュート法

ライド・シンバルの余分な倍音やサステインが気になるときにも、ミュートが効果的。この場合はガムテープを適当な大きさに切って貼るのが最もポピュラーな方法です。ちなみに中心に近い部分よりも外側に貼ったときの方がミュートの効果があります。

## ■ミュート・グッズ

ドラムのミュート用のグッズもいろいろと発売されているので、それらを使うのも良いでしょう。代表的なものは、ムーン・ジェルという粘着性のあるジェル状素材のミュート。これをヘッドの好みの位置に乗せることで、自然なミュート感が得られます。何度も繰り返し使えるので手軽で便利です。

## 7 練習時に必要なギアなど

ここでは、ドラム・セットを組むにあたって直接必要なパーツではなく、練習時に必要となる機材を中心に、ドラム周辺のパーツを紹介していくことにしましょう。

### ■練習台

ドラムというのはとても生音の大きい楽器です。日本の住宅事情では、ドラムを家でガンガン叩ける人はまれなはず。そのためにも、音の小さい練習台を用意することは大切。また、練習台の方が本物より、音の粒立ちやバランスをチェックしやすい側面もあります。

練習台はトレーニング・パッドなどとも呼ばれますが、専用の台に本物のヘッドが張ってあるものやラバーが張ってあるもの。さらにメッシュ・ヘッドと呼ばれる網目状の消音ヘッドが張ってあるタイプもあります。本物のヘッドが張ってあるタイプは臨場感があるのですが、多少音が大きいのが難点。隣近所が気になる人には、静粛性に優れたラバーやメッシュのタイプをおすすめします。また、これらのパッドは本体のみで売られている場合も多く、机やイスに直接乗せての使用も可能ですが、やはり別売りのスタンドを購入した方が使い勝手は良いでしょう。

また練習台の音量が気になる場合は、打面の上にタオルを載せてガムテープなどで固定して叩くと、多少タッチは鈍くなりますが消音効果は上がります。そしてスタンドを座布団やマット、厚めのマンガ雑誌などの上に乗せると、下(床)への振動が減少して響きも小さくなります。

上記の他に、すでにドラム・セットを持っている人は、そのままそのセッ

#### 自宅練習での練習環境のグレード・アップ例

①雑誌や枕を叩く
……とりあえずドラムを始めるにあたっては、雑誌や枕を叩いての練習も可。
②単体の練習台1つを叩く
……パッド単体の練習台があれば、フォームのチェックやスティック・コントロールの基本練習もバッチリ。
③練習台にバス・ドラムの練習台を加える
……複数の練習台にバス・ドラムの練習台を加えればより臨場感のある練習が可能。

④ドラム・セット型練習台を叩く
……シンバル類も含めたセット型練習台があれば、本物と同じようなイメージで練習ができます。

⑤エレクトロニック・ドラムを叩く
……音色のイメージも明確で、より音楽的で楽しい練習が可能。CDなどの音源と合わせてセッション感覚も楽しめます。

▲雑誌を叩く

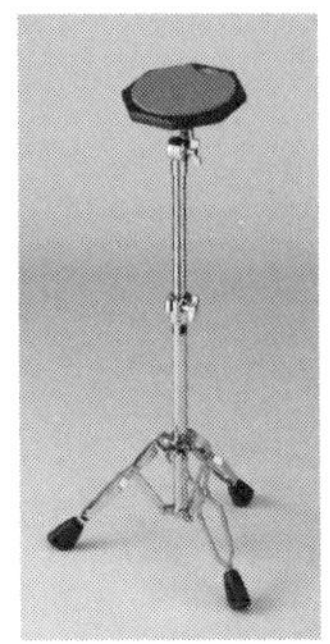
▲トレーニング・パッド

▲バス・ドラム練習用トレーニング・パッド

トを練習台として使用する手もあります。その際はそれぞれのドラムの中にタオルやTシャツ、古着などを入れてミュートします。シンバルはTシャツをかぶせてガムテープで止めればOK。バス・ドラムは、打面にもスポンジやタオルを当てガムテープで止めておくと、さらに消音効果がアップします。また、ドラム・セット専用の消音ラバー・パットやメッシュ・ヘッドも市販されているので、それらを利用するのもいいでしょう。

とにかくドラムは音や振動の大きな楽器なので、自分なりのいろいろな消音のアイディアを考えて、周囲に気兼ねなく練習してほしいものです。また例えば夜8時以降は練習をしないなどのルールを作るのも大切なこと。ヘタをすると、隣近所に多大な迷惑をかけ、自分ばかりか家族まで肩身の狭い思いをすることになりかねませんからね！

## ■エレクトロニック・ドラム

80年代前半から中盤にかけて、エレクトロニック・ドラムが脚光を浴びた時代がありました。TVの歌番組などにも、シモンズというメーカーの独特な六角形のパッドがフル・セットで登場していました。そのときのようなブームは去りましたが、エレクトロニック・ドラムもさらなる進化し続け、音色、ダイナミクス、ハイハットのニュアンス、メッシュ・ヘッド等のリアルなタッチ、などなど、以前とは比較にならないほどの表現力を備えるようになりました。ライヴでは、フル・セットで使用されることは多くはありませんが、アコースティック・ドラムの一部に組み込まれ、パッドでパーカッションの音を出したり、トリガー・マイクを使用してアコースティック・ドラムと同時にエレクトロニック・ドラムの音や効果音を出すといった使い方もされています。また、前項で紹介したようにエレクトロニック・ドラムを自宅練習用に活用すると、フレーズや曲を練習する場合にも、より音楽的な練習が可能になります。練習台の代わりとしては少し高価ですが、間違いなく練習が楽しくなるはずです。他にはエレクトロニック・ドラムを使って、ドラム・パートをコンピューターに打ち込み、バンドのデモ・テープなどを作るというような使い方もできます。

▲写真1-56　エレクトロニック・ドラム

## ■メトロノーム

ドラムを始めるにあたって、スティック、練習台ともう1つ揃えておきたいのがメトロノームです。

昔ながらの振り子式のものより、電子式の方が良いでしょう。そして、できればヘッドフォン・ジャックとボリュームがついているものを選ぶと、ドラム・セットでの練習の際にも音を確認しやすいでしょう。また上級モデルには、20曲くらいのテンポ・メモリー機能が付いているタイプもあります。ライヴの曲順通りにテンポをメモリーしておいて、ワンタッチで次々にテンポを確認できるのでとても便利です。

▲写真1-57　デジタル・メトロノーム

## 8 奏者に合わせたセッティング

楽器やスタンドにもいろいろなものがあるということがおわかりいただけたと思いますが、それを演奏する人間もまた千差万別です。体格や趣味に合わせたセッティングについてまとめておきましょう。

### ■イスの高さ

ドラマーによってイスの高さはさまざま。最も基本的な高さは、座ってフット・ペダルに足を乗せたときに、腿が床と平行な状態よりも、少しだけ膝側が下がるくらいとなります。そして、イスを高くすると音に表情をつけやすく、細かい音符を演奏するのに向き、逆に低くすると力強く一定の音量で演奏するのに向いていると言われます。またシートには、腿の自由な動きを妨げないためにも浅めに座るのを基本とします。ただし、ドッシリとした安定感を求めるドラマーは、低めのイスに深く座る場合もあります。

▲写真1-58　腿がやや下向きになる基本的な高さ

▲写真1-59　イスを高くした状態。腿が下向きになる

▲写真1-60　イスを低くした状態。腿が床と平行に近くなる

## ■スネア・ドラムの高さ／角度

スネア・ドラムの高さは、イスに座ってスティックを構えたときに、肘の角度が90度より少し下がるくらいがいいでしょう。極端に高すぎたり、低すぎるとミス・ショットやフォームを崩す原因にもなります。またマッチド・グリップの人は、角度を少し手前に傾ける傾向にあり、レギュラー・グリップの人は、水平もしくは少し右側を下に傾けてセッティングする場合もあります。

◀写真1-61 手首が肘よりも少し下がる

## ■ハイハット・シンバルの高さ

ハイハット・シンバルをセットする高さは、右手でボウとエッジの両方を叩き分けられ、なおかつ交差した左手でスネア・ドラムを叩くときに、邪魔にならない位置がいいでしょう。スネア・ドラムから15〜20cmくらい高くセッティングする感じになると思います(**写真1-62**)。また、ジャズやボサノヴァなど、ソフトな音楽を演奏するときは、ハイハット・シンバルのボウを叩きやすいように低めにセットし、ハード・ロックのように、ハイハット・シンバルもスネア・ドラムもパワフルに叩くときは、高めにセットする傾向にあります。

▲写真1-62 スネア・ドラムの打面からハイハットのトップまでの距離

## ■タムの角度

タムをセッティングする場合は叩きやすいように少し手前に傾けます(**写真1-63**)。しかしタム移動がやりやすいからといって極端に角度をつけすぎると、正しいフォームで叩きづらくなり良い音色や音量が得られなくなる場合もあるので注意してください。スネアを叩くときと同じくらいの角度でスティックが打面に当たるようにタムを傾けるのが理想的と言えます。求めるサウンドによっては、タムを床と水平に近い角度でセットする(**写真1-64**)人もいます。

▲写真1-63　タムの打面を少しドラマー側に傾けた状態

▲写真1-64　タムの打面を床と水平に近くなるようセットした状態

## ■クラッシュ／ライド・シンバルのセッティング

クラッシュやライド・シンバルをセットする高さや位置は、ドラマーによってかなり個人差があります。音楽性や奏法、タムの数や位置との関係、ドラマーの体格などによっても変化してきます。そしてドラム・セットを派手に見せるヴィジュアル的な要素も大きいものです。しかし初心者の場合は無理なセッティングを避けて、まずは自然に叩ける位置にセットすることを心がけましょう。

▲写真1-65　目線の高さを目安にセットしたクラッシュ・シンバル

まずクラッシュ・シンバルは、目の位置と同じくらいの高さを基本的な目安にすると良いでしょう(**写真1-65**)。

ライド・シンバルは、肩や腕をリラックスした状態でスティックを構えて、チップでシンバルの中間部分が楽に叩けるくらいの位置にセットすると良いでしょう(**写真1-66**)。これは疲れずに安定したビートを刻むためにも大切なことです。

▲写真1-66 楽な姿勢でシンバルの中間を叩けるくらいの位置にセットする

### 同じメーカーの製品でセットを組んだ方がいいの？

タムとバス・ドラムは、同じメーカーのものをセットした方がいいでしょう。なぜならば、その方が音色も統一されるし、タム・ホルダーの規格も同じなので便利です。また、バス・ドラムだけは、タムに比べて硬い音がほしいなどという理由で、同じメーカーでも違うシリーズのものをセットするという人もいます。スネア・ドラムに関しては、基本的には自由に他のメーカーの製品と組み合わせても大丈夫でしょう。ただし、セット全体のバランスというものをある程度考えておかないと、スネア・ドラムの音だけが浮いてしまうということも起こりうるので、注意しましょう。

# 9 目的に合わせたドラム・セット

ドラム・セットは、いろいろな大きさのドラムやシンバル類を自由に組み合わせられる楽器です。そしてそのセッティングによって、音楽性や個性をアピールすることもできます。それでは、音楽性によるドラム・セットの傾向を大まかに見ていきましょう。

## ■オールラウンド

ドラム・セットのドラム数を表わすときには3点セット、あるいは4点セットなどという呼び方をします。これはスネア・ドラム以外のドラムの数を表わしています。現在の音楽状況の中でドラムの基本セットといえば、**図1-67**の**a**の4点セットが挙げられます。

**図b**は、**図a**の基本4点セットに10インチのタムを付け加えたものです。ジェフ・ポーカロ、デニス・チェンバース、オマー・ハキムに代表される、オール・ラウンドなセットです。フロア・タムを14インチ、16インチや16インチ、18インチなどと2つ以上セットする場合も多いです。

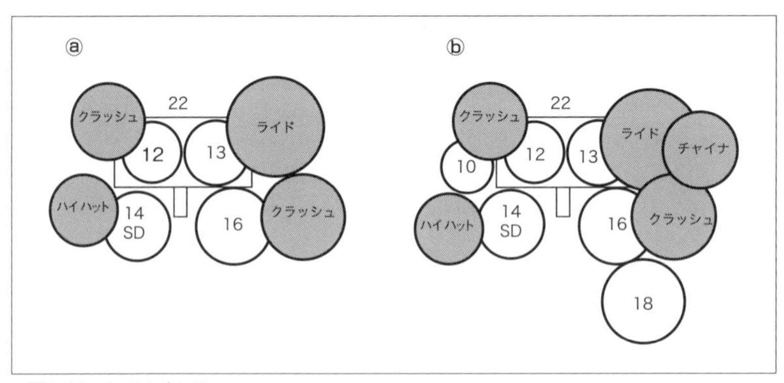


▲図1-67　オールラウンド

## ■フュージョン系

シャープで、細かい音符のフィルインにも対応しやすいように、タムを1サイズ小さくしたセッティングです。フロア・タムの代わりにタム・スタンドを使って、大型タムをセットして、音の流れをスムーズに導く場合もあります(**図1-68**の**a**)。スティーヴ・ガッドやヴィニー・カリウタに代表されるフュージョン系のドラマーが好むオールラウンドなセットです。8インチのタムが追加される場合もよくあります(**a'**)。

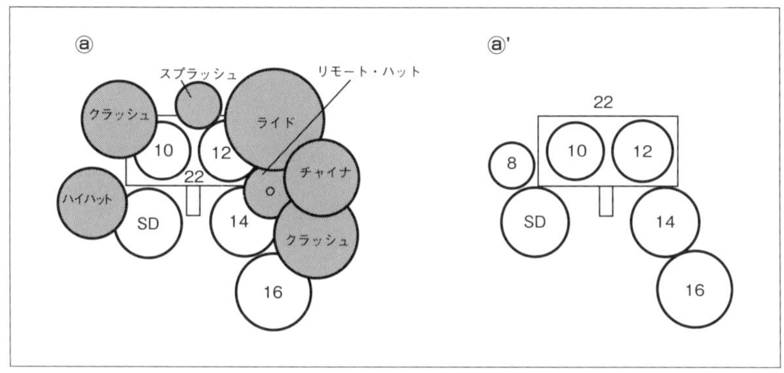


▲図1-68　フュージョン系

## ■ロック系

**図1-69**の**a**はオールラウンドの基本形(**図1-67a**)の13インチのタムを外して3点セットにしたセッティングで、チャーリー・ワッツのようなロックンロール・ドラマーに愛用されるセッティングです。シンプルで無駄がなく、カッコいいセットです。

**b**はバス・ドラムを24インチや26インチに替え、タムも14インチなどの大型のものをセットしたタイプ。レッド・ツェッペリンのジョン・ボーナムに代表される、ハード・ロックの王道ともいえるセットです。

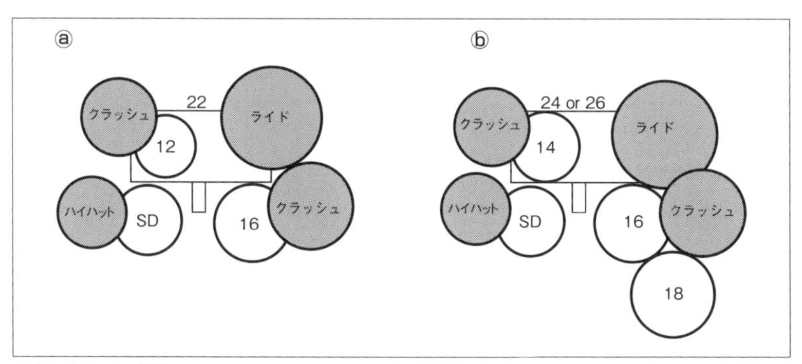


▲図1-69　ロック系

## ■ツーバス

**図1-70**の**a**は大型のバス・ドラムとタムをセットしたものです。コージー・パウエルに代表されるド迫力もののハード・ロック・スタイルです。**b**はタムを増やしたテクニカル・ツー・バス・タイプです。サイモン・フィリップス、ニール・パート、ビリー・コブハムに代表されます。

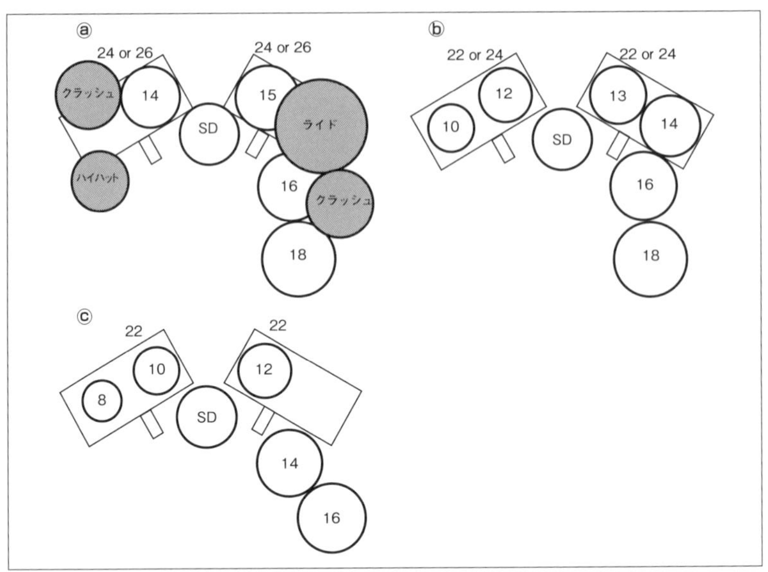


▲図1-70　ツー・バス　タムのサイズを小さめにした、カラフルでメロディアスなセットもある（**c**）

## ■ジャズ系

ジャズではバス・ドラムが18インチ、フロア・タムが14インチというスタイルがよく見られます。バス・ドラムもタムの延長のように使用するジャズ・ドラマーに愛用されるセッティングです（**図1-71**）。

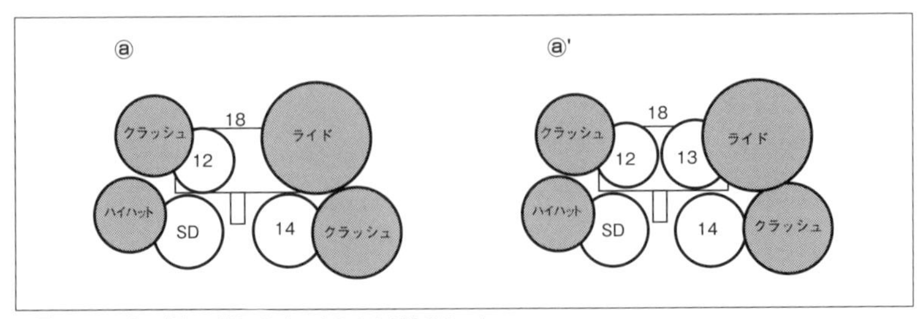


▲図1-71　ジャズ系　**a'**は13インチのタムが入るセット

# 第2章
# 演奏の基本

楽器についての知識がひと通り頭に入ったら次は実際にどのような方法で演奏を行うかを見ていこう。グリップ、ストローク、フットワークなどなど、ドラムはセッティングの数が多い上、手足をフルに使うのでチェックすべきことがたくさんある。どれも最初は難しいかもしれないが、何事も積み重ねが肝心。まずはLet's Try!!

## 1 フォーム

世の中のドラマーは十人十色。彼らの叩いてる姿をいろいろと見比べてみると、ひとりひとり個性的なフォームをしています。人種も違えば、足や手の長さも、やっている音楽も違うのですから当然といえば当然の話。しかし、プロ・ドラマーには1つの共通点があります。それはみんな、無駄な力が入っていなくて、とてもリラックスしたフォームで叩いているということです。

長時間ドラムを叩いても疲れず、身体に無理がかからないフォームで叩くことは、とても大切なことなのです。

### ■足

まずバス・ドラムとハイハットのペダルのポジションを決めましょう。左右のペダルはイスから等距離（イスを中心とした円周上）にセットするのが理想であり、最も無理の少ないポジションになります。これに違和感を覚えるならば、ハイハット・スタンドのポジションを微調整してください。そして、イスとペダルの距離は、足首が膝の真下か少し前に出るくらいの位置になるのを基本とします（**写真2-1**）。こうして正しくセッティングした状態で自然にイスに座ると、上体は左右のペダルの中間の位置に正面が向きます（バス・ドラムに対してやや左向きの状態）。

▲写真2-1　足首が膝の少し前に出る位置

ウェザー・リポートやスティングのバンドなどでプレイしていたドラマーのオマー・ハキムは、背筋が伸びていてとても美しい姿勢でドラムを叩きます。彼はその理由を「姿勢が悪いと背骨の中に入っている脳と手足を結ぶ神経がブロックされ、本来の機能を発揮しなくなるから」と言っています（『リズム＆ドラム・マガジン』のインタビューより）。ナルホド!!!!

## ■上半身（上体／胴体）

上体の中心軸が前後左右にブレないように、バランス良く座ることが大切です。そして、身体の重心が腰にしっかりと下りていることが感じられると、安定感のある演奏を行ないやすくなります。

無理矢理に背筋をまっすぐに伸ばしたり、極端に猫背だと、腰痛の原因にもなります。あくまでリラックスした状態を心がけてください。

## ■腕

肩の力を抜いて、肘をほぼ直角に曲げます。こうして構えたスティックの先にスネア・ドラムの真ん中がくるようにセットするといいでしょう。肘が身体の後ろに突き出てしまうと、腕の動きを妨げるので注意しましょう。また、脇も必要以上に締まったり、開いたりせず、少し余裕があるくらいにするのがベターです。

▲写真2-2　肩の力を抜いて肘をほぼ直角に曲げる

個性的な例ですが、前出のオマー・ハキムは姿勢は良いものの実は脇を大きく開いて叩きます。彼はその理由を「脇を大きく開くと息が深く吸えて、呼吸が楽になり、手足に集中できるから」と言っています（教則ビデオより）。ナルホド!! 脇は開いても彼の腕はリラックスしていて、実にしなやかです。

## 2 フットワーク

足による演奏も手と同等の比重を持つのがドラムという楽器の大きな特徴。足が受け持つのはバス・ドラムとハイハット・シンバルです。

### ■バス・ドラム

まずはバス・ドラムのペダル・ワークを解説します。何種類かのバリエーションがありますが、共通した注意点がいくつかあります。これは、後述するハイハット・シンバルの踏み方にも通じることです。

#### 1　フット・ペダルの踏み方

バス・ドラムの音を鳴らすフット・ペダルを踏むときは、下記の3つのポイントに注意してください。

**①リラックスして、足首や膝を柔らかく使う**

……大きな音を出そうと力んで足首や膝に力が入ってしまっては、逆効果です。また、足首の関節の固い人も不利なので、柔らかく動くように練習しましょう。

**②フット・ペダルは指のつけ根あたりで踏むと良い**

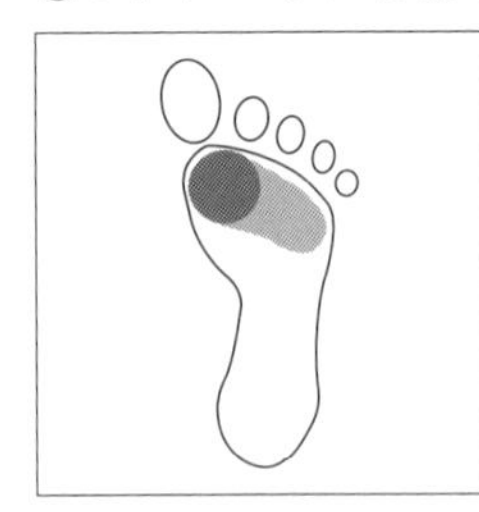

……**図2-3**のあたりで踏む感覚です。特に親指のつけ根は力を加えやすいので、そこに踏むポイントをもっていくのが良いと思います。

◀図2-3　ペダルは指の付け根あたりで踏む

**③フット・ペダルと足の裏が不必要に離れないように注意する**

……あえて足を浮かすこともありますが、初心者は足を上げてきたときに、フット・ペダルのフット・ボードから足が浮いてしまうと正確なコントロールがしづらくなります。フット・ボードと足の裏の②で述べた部分は基本的に一体化しているように意識しましょう。また、足の指に力が入って固くなっていると、踵を上げたときに②で述べた部分が密着しなくなるので、足の指もリラックスします(**図2-4**)。

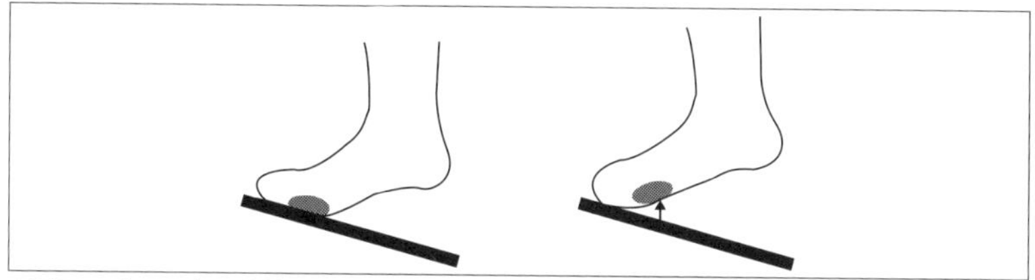

▲図2-4 常にペダルと密着しているようにする。右図は指の付け根あたりが離れてしまっている例

ではバス・ドラムの音をコントロールする基本的なフットワークを解説していきます。

## 2 ヒール・ダウン奏法

踵をペダルにつけて、つま先の上下運動でフット・ペダルを踏む方法です(**写真2-5**)。足首の関節を中心に使うので、パワーは出しづらくソフトな音のときによく使われます。足のスネの筋肉を鍛えたり、足首を柔らかく使えるようにするなど、ペダル・ワークの基本動作をマスターするにも良い奏法です。

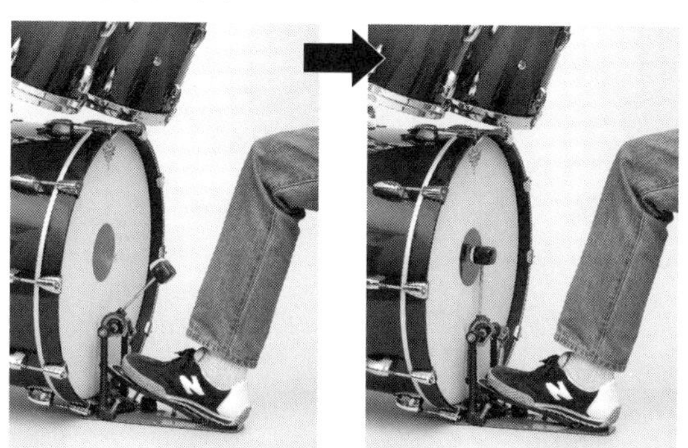

▲写真2-5 ヒール・ダウン奏法。踵が常にフット・ペダルについている状態でコントロールを行なう

かの名ドラマー、テリー・ボジオも練習では、ヒール・ダウン奏法で多くの時間をかけるべきだと言っています。「スネの力がスピードと正確さをもたらすんだ。僕のプレイは99%ヒール・アップで行われているが、ヒール・ダウンで練習するのと同じテクニックを使っている」(『リズム&ドラム・マガジン』より)とのこと。ナルホド!

### 3　ヒール・アップ奏法

踵を上げて、足全体を使って踏む方法です（**図2-6**）。足全体の重さや筋肉を使えるのでパワーを出しやすく、持久力もキープできます。音を鳴らした後に踵をフット・ボードに下ろすドラマーもいます。

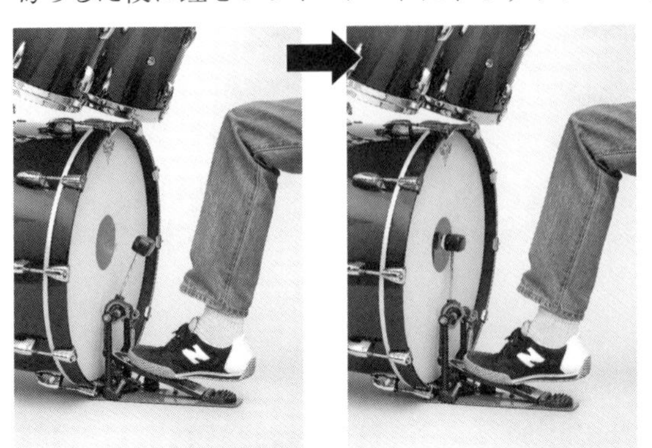

▲写真2-6　ヒール・アップ奏法。踵がフット・ボードから浮いた状態でペダルを踏む

ヒール・アップ奏法では、フット・ペダルのプレートの先端ではなく、図のように上から1／3くらいの位置に足を乗せた方が、踏み込む距離も短くなり、コントロールしやすいでしょう。

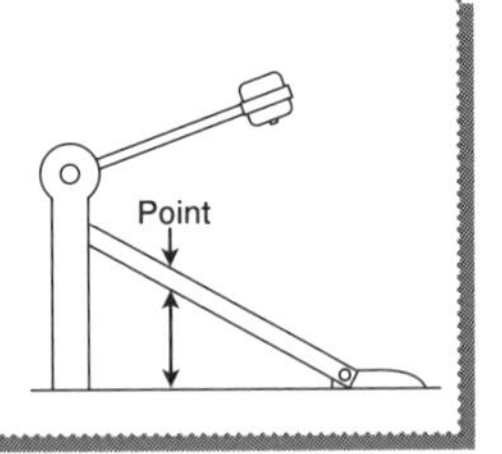


次は、バス・ドラムを素早く2連打することのできる奏法を解説します。16ビートの曲には欠かせないテクニックです。

### 4　ダウン・アップ奏法

ヒール・ダウン奏法とヒール・アップ奏法の両方の要素をミックスした奏法です（**図2-7**）。膝が1回上下するごとに2つの音が出ます。

①踵を上げた状態から、足全体を使って1打目を踏み、踵を下ろします（ダウン）。

②足首をゆるめて、ビーターを戻します。

③踵をつけたままで2打目を踏んで、同時に踵を上げます（アップ）。

④①に戻って繰り返し。

◀▲写真2-7 ダウン・アップ奏法。足全体を使って1打目(2番目の写真)を踏んだら、足首を柔らかくしてリバウンドに逆らわずビーターを戻す。ビーターが戻ったら素早く踵をつけたままで2打目を踏むと同時に踵を上げる。写真3枚目から始まるアップ・ダウン奏法もある

## パワフルなドラムを叩くために

ボリュームのついていないアコースティック楽器のドラムにとっては、大きな音を出せるようになるということも大切です。エレキ・ギターなどの電気楽器に負けないように、そしてダイナミック・レンジが広くなることにより表現力も増します。しかし、大きな音を出すというと、どうしても根性や力に頼ってしまって動きが硬くなりがちです。それでは音は汚くなるし、身体も疲れやすく、第一に力のない人はあきらめるか腕立て伏せをするしかない、ということになってしまいます。ではどうすれば良いのでしょう。

最も良いのは力ではなく、スピードを使って大きな音を出すという方法でしょう。例えば、ムチや釣り竿のようなものをイメージしてみましょう。これらは手元から先端にいくにしたがって細く柔らかくなっています。そのためにムチや釣り竿は、先端にものすごいスピードを伝えることができるのです。この動きをドラムにも応用してみましょう。手首や指をできるだけリラックスして、しなりを使って叩くように心がけましょう。リラックスした指や手首を肘や肩を使ってコントロールするイメージです。ヴィニー・カリウタの腕の使い方などは、まさにムチの動きを思わせます。パワフルな音とスピードを出すには、ハンマーではなくムチの動きが必要なのです。

### 5　足のダブル・ストローク

前項のダウン・アップ奏法と同じく、こちらも腿を1回落とす動作で2打踏むことができるという、足首を2段階で活用する奏法です。1打目をヒール・アップ奏法で踏み、叩いた後もヒール・アップの状態をキープします。そして2打目はヒール・アップの状態から足全体を落とすように踏む奏法です。連続すると、足全体を1回落とす動きの中で2連打を踏む感覚になります。

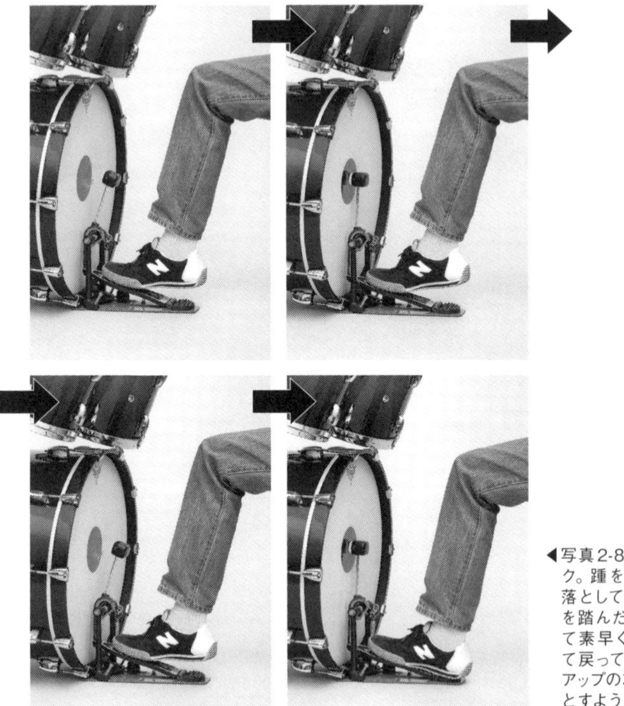

◀写真2-8　足のダブル・ストローク。踵を上げた状態から足を落として1打目(2番目の写真)を踏んだ後、リバウンドを使って素早くビーターを戻す。そして戻ってきたビーターをヒール・アップの状態からを足全体を落とすようにして2打目を踏む(4番目の写真)

### 6　スライド・ステップ奏法

フット・ボードの手前側につま先を乗せ、1打目をヒール・アップの状態で踏みます。足首の力を抜いて、ビーターを戻しながら、足を前にスライドさせて、2打目を踏みます。

◀写真2-9　スライド・ステップ奏法。1打目にフット・ボードのやや手前あたりを踏んだ後、足を前方にスライドさせて2打目を踏む。この奏法では速い連打が可能になる

## ドラムを叩くときは、どんな靴がいいの？

ドラムを叩くとき、靴底がゴムで柔軟性のあるスニーカー・タイプの靴を選ぶというドラマーが多数派です。学校の上履きのような靴をドラム・シューズとして愛用している人もいます。しかし、逆に革靴のように靴底が硬い靴の方が、ダイレクトにフット・ペダルの感触が伝わりやすくて踏みやすいと言う人もいるので、本当に人それぞれです。中には、ジェフ・ポーカロやテリー・ボジオなど、長いブーツでもまったくおかまいなしという人や、裸足でなければ踏めないという野性的な人もいます。

◀ドラム・シューズは、靴の素材や圧迫感、ソールの厚さや靴裏の滑り具合いなど、演奏する音楽のタイプや出したいサウンドによっても人それぞれ

### 6　スウィング・ステップ奏法

ヒール・アップの状態で1打目を叩き、そのまま、踵を横にずらして2打目を叩くという奏法です。ダンス・ステップ奏法とも呼びます。

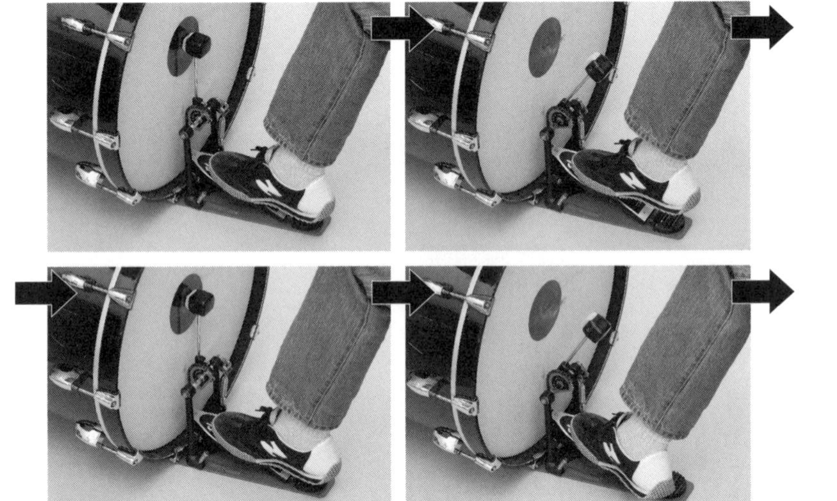

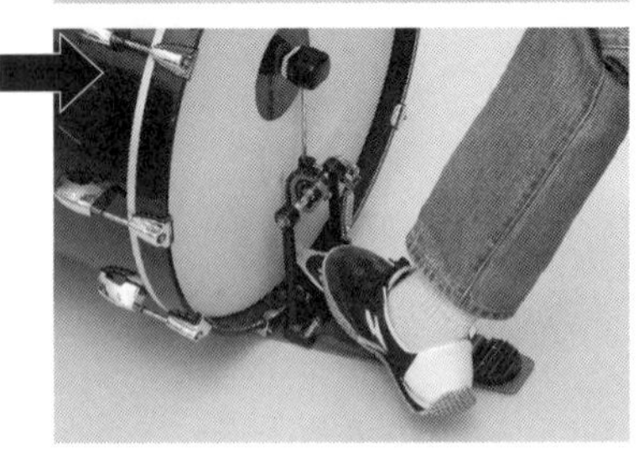

◀▲写真2-10　スウィング・ステップ奏法。レディ・ポジション(1番目の写真)から、1打目はヒール・アップで叩き、2打目は足先を支点に、踵を左右にズラしながら叩く。写真はカカトを左にズラすタイプの奏法であるが、逆に右にズラすタイプの人もいる

## ■オープン奏法／クローズ奏法

前項ではバス・ドラムを鳴らすときのフット・ペダル（ビーター）の動かし方について解説しましたが、バス・ドラムを叩いた後のビーターのコントロールも重要です。このコントロールには、オープン奏法とクローズ奏法の2種類があります。

バス・ドラムのオープン奏法とは、フット・ペダルを踏んだ後にビーターをヘッドからすぐ離す奏法です（**写真2-11**）。ナチュラルで伸びのある豊

かな音色になり、ジャズ・ドラマーなどには特に好んで使用されています。

逆にクローズ奏法はペダルを踏んだ後にビーターをヘッドに押しつけたままにします（**写真2-12**）。アタック感の強いキレの良いタイトな音色になり、ファンク・ドラマーなどに好んで使用される奏法です。

両方の奏法をケース・バイ・ケースで使い分けられることがベストですが、オープン奏法の方がペダル操作としては難しいので、ビギナーにはまずクローズ奏法をしっかりとマスターすることを勧めます。

▲写真2-11　オープン奏法。バス・ドラムを叩いた後にビーターを打面から素早く離してサステインを残す

▲写真2-12　クローズ奏法。バス・ドラムを叩いた後にビーターを打面に密着させる

## ■ハイハット・シンバル

次にハイハット・シンバルの踏み方を解説します。何種類かありますが、少なくとも、ヒール・ダウン奏法とヒール・アップ奏法の2つは使い分けられるようにしましょう。ハイハットを部分的に開閉しながら叩く、ハイハット・オープンとも深く関連してきます。

### 1　ヒール・ダウン奏法

踵をフット・ボードにつけたまま踏んで音を出します。慣れないとシャープなクローズ音を出しにくい奏法ですが、ハーフ・オープンでリズムを刻むときや、**譜例2-14**のような8分音符や4分音符などの長い音符のハイハット・オープンをするときには、身体が安定するので向いているでしょう。

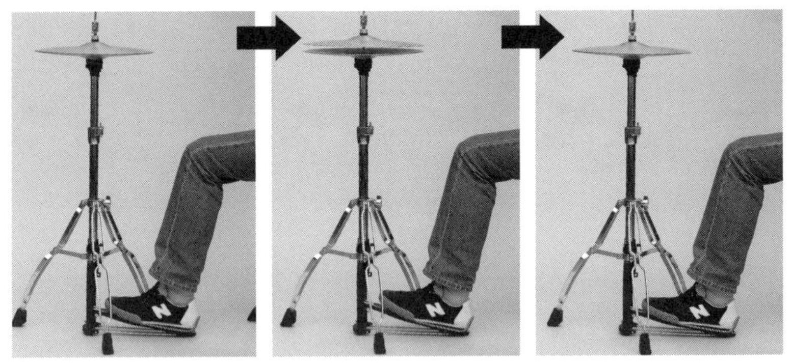

▲写真2-13　ヒール・ダウン奏法

▲譜例2-14　ヒール・ダウン奏法は長い音符のハイハット・オープンむき

## 2　ヒール・アップ奏法

踵を上げて足全体で踏む方法です。シャープなクローズ音が出ます。速いスピードの中で音符を続けて踏むときや**譜例2-15**のような16分音符など細かい音符でハイハット・オープンを行なうときに向いています。

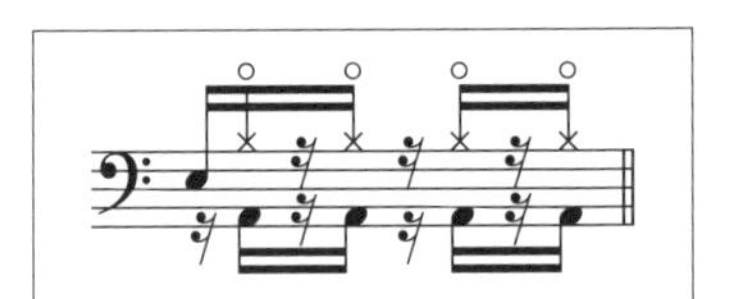

▲譜例2-15　ヒール・アップ奏法は速い音割りのハイハット・オープン向き

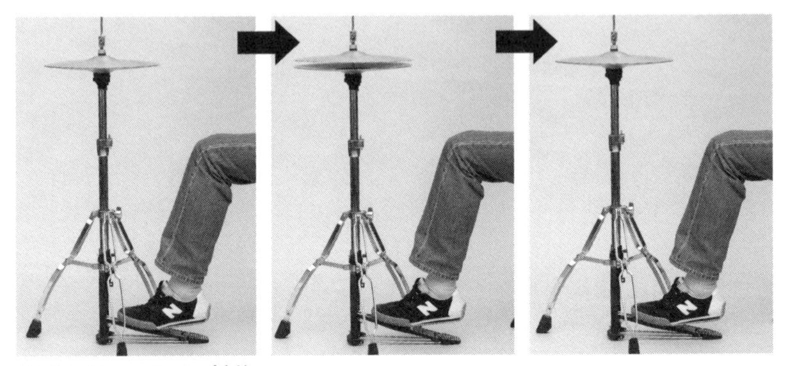

▲写真2-16　ヒール・アップ奏法

### 3 オープンでヒール・ダウン、クローズでヒール・アップ

ヒール・ダウンとヒール・アップのコンビネーションで、シャープな音が出ます。特にジャズなどでハイハット・シンバルを2拍、4拍で踏むときによく使用されます。1拍、3拍のリズムを踵で感じることができるのがポイントです。

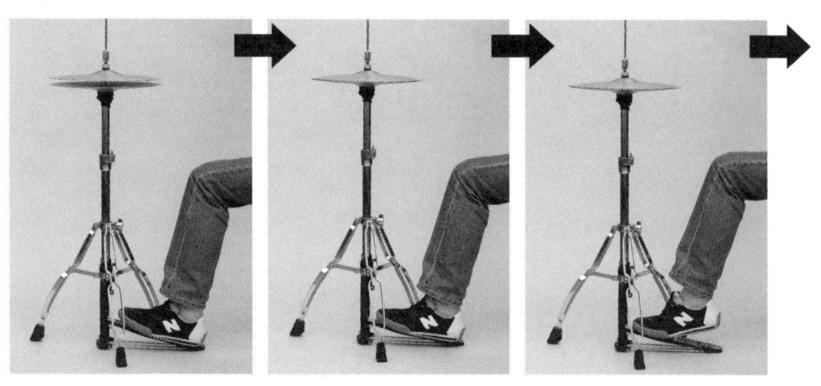

◀▲写真2-17　ヒール・アップとヒール・ダウンのコンビネーション

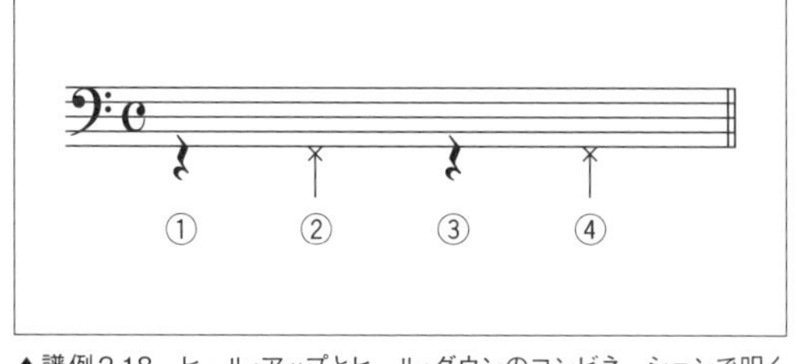


▲譜例2-18　ヒール・アップとヒール・ダウンのコンビネーションで叩くときの一例

### 4 ハイハット・クラッシュ

ハイハット・シンバルを踏んですぐオープンすることによって、“シャーン”というクラッシュ音を出します（**写真2-19**）。フット・クラッシュまたはフット・スプラッシュとも呼ばれます。ヒール・ダウン奏法でもヒール・アップ奏法でも可能です。ブラシを使用しているときに、クラッシュ・シンバルの代わりに使用したり、ドラム・ソロのときに4分音符で踏み続けたりといった使い方をします。

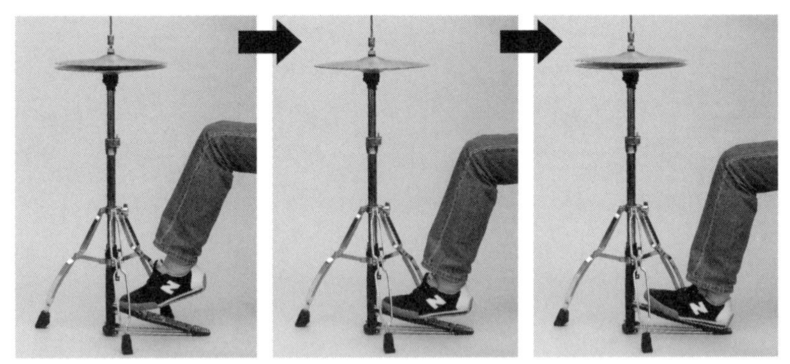

▲写真2-19　ハイハット・クラッシュ。踏み込んだら素早くハイハットをオープンする。中央の写真の状態になるのはほんの一瞬。

## 3 グリップ

ドラムのスティックの握り方は、大きく分けて、マッチド・グリップとレギュラー・グリップの2種類あります。レギュラー・グリップは、"トラディショナル・グリップ"とも呼ばれます。これは現在のようなドラム・セットの形ができる以前のマーチング・バンドから発生したスタイルで、その名の通り伝統的なグリップです。当時はスネア・ドラムを首から下げて行進するときに足の邪魔にならないように、右側を下にして斜めにセットしていました。そのために、必然的にこの独特なグリップが生まれたわけです。

最近では、マッチド・グリップを中心にプレイするドラマーの方が多いと思いますが、プロ・ドラマーの多くは両方のグリップをそのときどきで使い分けています。では、2つのグリップの特徴を比較してみましょう。

### ■2種類のグリップの比較

ではそれぞれのグリップにはどんな特徴があるのでしょうか。表を使ってまとめてみました(**表2-1**)。

| | マッチド | レギュラー |
|---|---|---|
| パワー | ◎有利<br>◎叩いたときの大きな力を手のひらで受け止めやすい | ○一般的にはマッチドより不利。ただしスティーヴ・フェローンやスチュアート・コープランドのようにパワーのある人もいる。 |
| リーチ | ◎リーチが長いのでタムやシンバルなどに移動したいときは有利 | ○遠くのものを左右バランス良く叩くには練習が必要。 |
| 繊細な表現 | ◎左右の音のバランスを揃えやすい | ◎左右のバランスをあえて変化させる表現が得意。ジャズやフュージョン系のドラマーに多い。 |
| | | ◎スティックを軽く落とすだけのタップ・ストロークがやりやすい。 |
| | | ◎スティックを当てる角度の変化がつけやすい。 |

▲表2-1　マッチド・グリップとレギュラー・グリップの特徴

ここで述べた特徴の他に、この2種類のグリップでは、身体のフォームはもちろんのこと、構えたときの気分やイメージも変わります。それによって出てくるフレーズも自然に変わるものなのです。

## ■握り方

ではそれぞれの握り方を解説しましょう。“自分の好きなドラマーがレギュラー・グリップだから、どうしても……”。などという理由がある人以外は、まずマッチド・グリップの方からマスターすることをおすすめします。マッチド・グリップにも色々なタイプがありますが、まずは初心者が取り組みやすいと思われる形を紹介します。

### 1　マッチド・グリップ

マッチド・グリップの基本的な構え方は次の通りです。

①親指のおなかと人指し指の第1関節と第2関節の間で、スティックのバランス・ポイントをつまんで支点にします。バランス・ポイントとは、そこを支点にするとスティックが一番弾みやすい位置です。調べ方は、スティックのグリップ・エンドから3分の1くらいの位置を人指し指に乗せて、チップを軽くヘッドに落とします。それから位置を前後させて落としてみて、一番スティックがバウンドした位置がバランス・ポイントです。

②残りの3本の指は軽くスティックに添えます。このときスティックは深く握らず、第1関節で握るくらいが良いでしょう。また、なるべく腕とス

ティックが一直線になるように構えましょう。

ちなみに、パワーを必要とする場合は長め、繊細な音量を必要とする場合は短めにスティックをグリップする傾向にあります。

また、マッチド・グリップも手首の角度によって、いくつかの種類に分かれます。

Ⓐ手の甲を真上にするタイプ→**ジャーマン・グリップ**

手首の関節が一番よく使えるグリップです(**写真2-20**)。

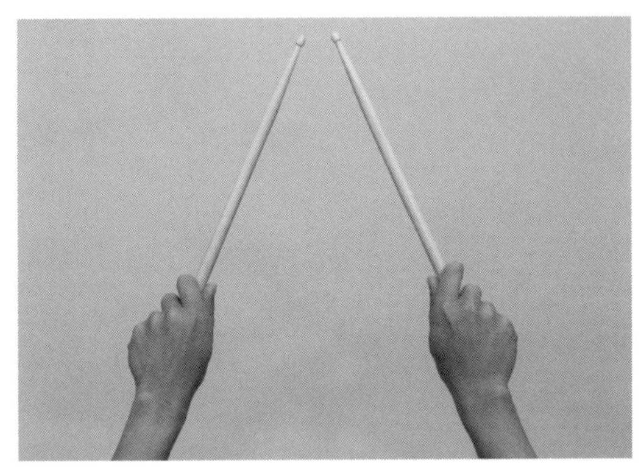

◀写真2-20　手の甲が天井を向くジャーマン・グリップ

Ⓑ親指の爪を上にするタイプ→**フレンチ・グリップ**

ティンパニー・グリップとも呼ばれます(**写真2-21**)。フィンガー・コントロールが使いやすいグリップです。

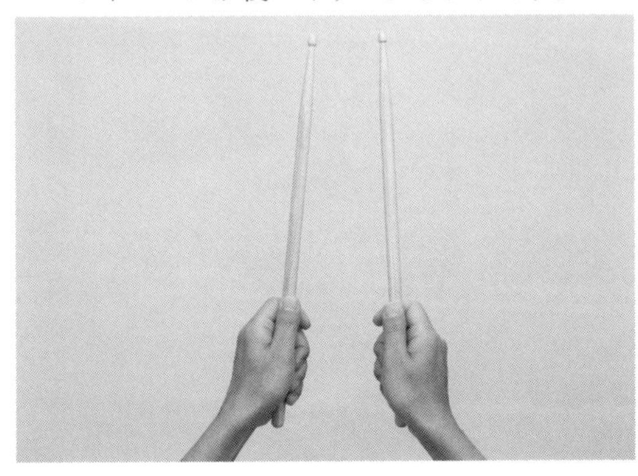

◀写真2-21　親指の爪が天井に向いたフレンチ・グリップ

Ⓒ AとBの中間のタイプ→**アメリカン・グリップ**

ジャーマン・グリップとフレンチ・グリップの中間のタイプです(**写真2-22**)。腕の力を抜いて、スッと上げてくると、自然にこの角度になることでもわかるように、一番自然だと言えるでしょう。

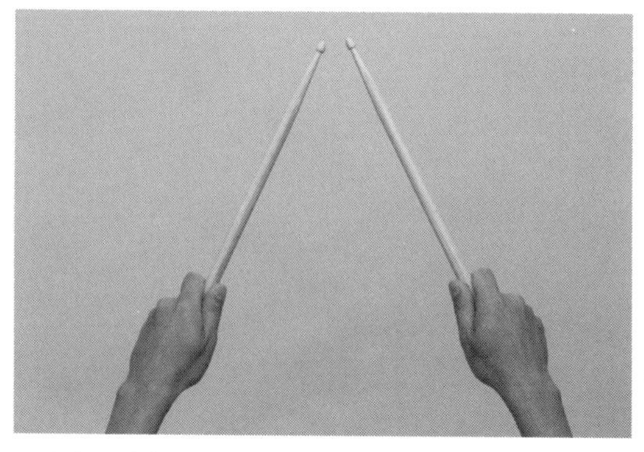

◀写真2-22 親指と人指し指の間が天井を向くアメリカン・グリップ

どれが優れているということではないので、3つすべてを試してみると良いのですが、初心者は、手首の使い方をしっかりと把握するためにもまずⒶかⒸをマスターすることをおすすめします。

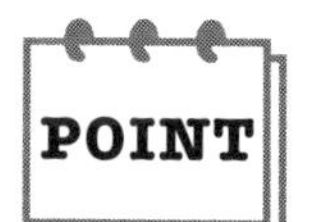



初心者がマッチド・グリップで握る場合、スティックと腕のラインが上から見て一直線に近くなるように握ることを勧めます(写真左下)。その方がスティックの軌道が安定しやすく、正しいフォームやグリップを掴みやすいのです。あえて腕とスティックを一直線にしないグリップもあるのですが(写真右下)、初心者がきれいな軌道でスティックをコントロールするのには少し難しいものです。まずは一直線になるグリップを確実にマスターしてから、いろいろなスタイルのグリップに挑戦した方が無難で上達も早いことでしょう。

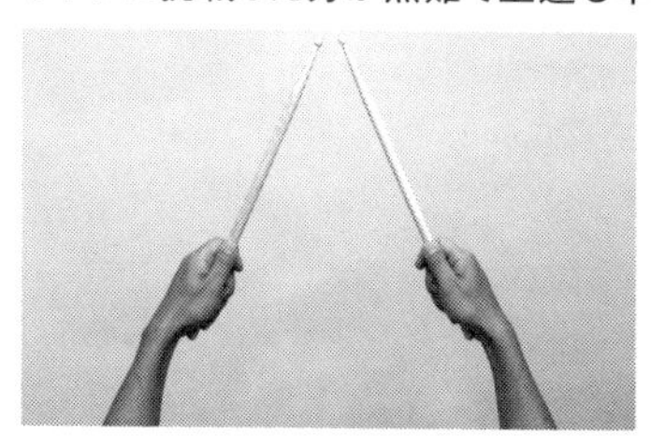

## 2 レギュラー・グリップ

レギュラー・グリップの基本的な構え方は右手はマッチド・グリップと同じです。左手は**写真2-23**のような形で、次のように握ります。

①親指のつけ根をバランス・ポイントで挟みます。ここを支点とする意識を持つこと。

②薬指の第1関節と第2関節の間にスティックを乗せます。小指はその下に添える感じで。

③さらに人指し指と中指を軽く添えます。この2本の指は、フィンガー・コントロールの役割をするので重要です。

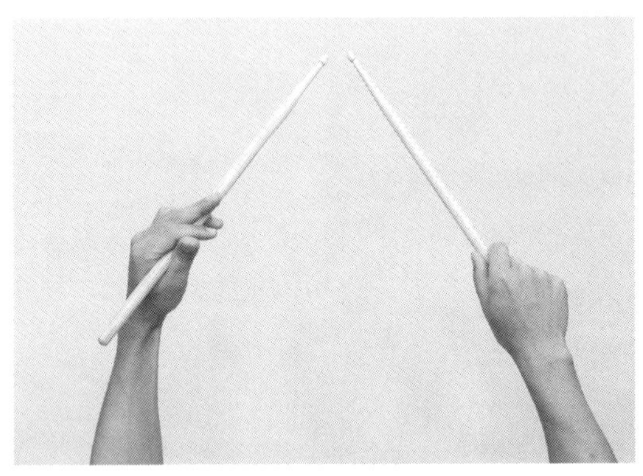

◀写真2-23　左手が独特な形で握られるレギュラー・グリップ

**POINT**

よくレギュラー・グリップを始めたばかりの人で、悪い例として見かけるのが、写真のような握り方です。写真左は手首が外側に曲がってしまっているので、力が入りにくくなります。腕と一直線か、少し内側に入るくらいの方が良いでしょう。写真右は、親指を曲げて親指のおなかでスティックをコントロールしてしまう例です。このような奏法も確かにあるのですが、初めは親指を立てて、手首の回転でしっかりコントロールするクセをつけるやり方が無難だと思います。

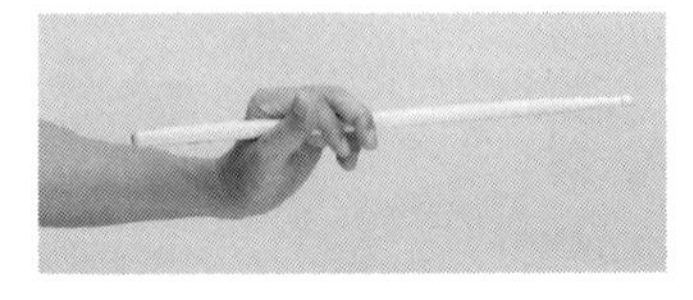

### 3 マッチド・グリップ　その2

これは私の師匠である、つのだ☆ひろ氏が提唱しているマッチド・グリップです。

①親指の第1関節あたりに中指を付けて輪を作ります(**写真2-24**)。

②その輪の中にスティックを3分の1ほど入れます(**写真2-25**)。スティックは握っているのではなく、あくまで入れるだけです。このグリップは、通常のグリップのように親指と人指し指を支点にせず、他の指でのフィンガー・コントロールも使いません。あえていうならば、中指の輪の位置が支点になり、そこを中心にスティックが手の中で遊ぶ状態のとてもリラックスしたグリップです。

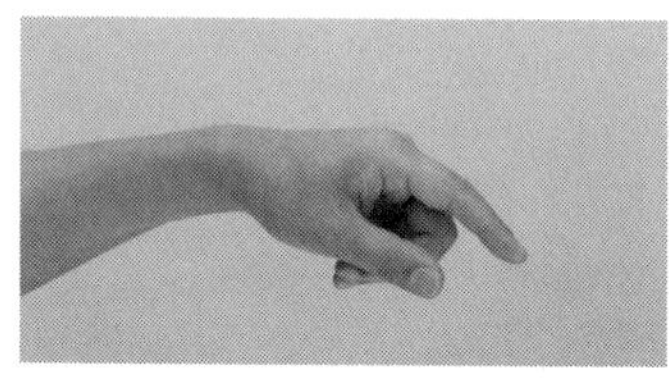

▲写真2-24

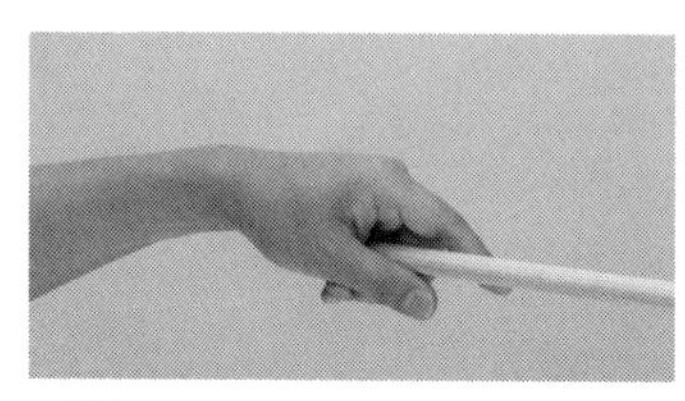

▲写真2-25

このようになった理由は、“ドラマーには、まずグルーヴを作り出すための身体の動きが必要であり、その動きに影響されて手が動いてしまうべきである”という考え方。

これをもとに、“身体の動きがスティックに伝わりやすいグリップを考えたら、こうなった”らしいのです。ナ・ル・ホ・ド。みなさんもぜひ一度お試しあれ！

## 4 ストロークの基本〜楽器のショット法〜

次にそれぞれの楽器のいろいろな叩き方を解説しましょう。

### ■ストロークの基本

まずは、最もシンプルなシングル・ストローク（1つ打ち）を、ゆっくりと大きなフォームで叩いてみます。このとき、肩、肘、手首、指の各関節をスムーズに連動させて叩くことを基本とします。リラックスした状態で、肩→肘の順番で胴体に近い関節から使って腕を引き上げていき、振り下ろすときは、肩→肘→手首→指の順番で関節を使って叩くと、柔軟でしなりの効いたフォームになります。

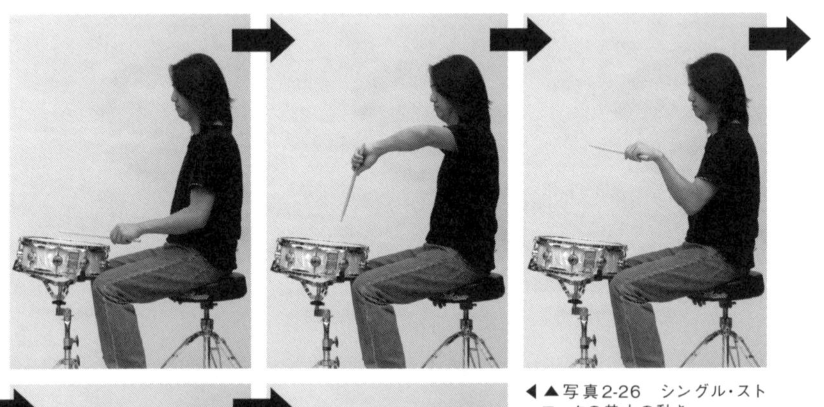

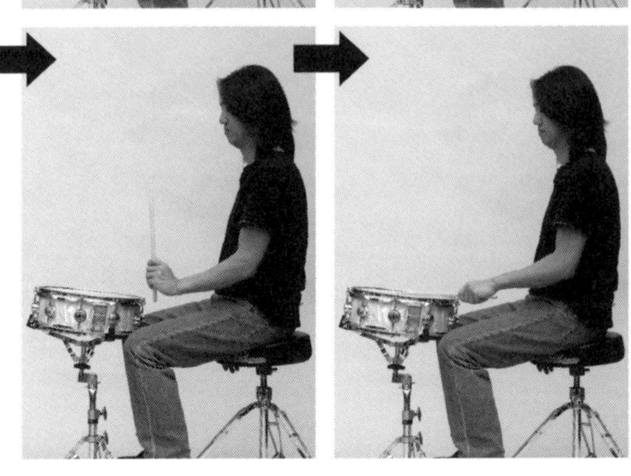

◀▲写真2-26　シングル・ストロークの基本の動き

また、一般的にテンポが速くなるに従ってショット時の動きの中心が、肘→手首→指と徐々に先端の方の関節に移動していく傾向になります。そのとき、アーム・ショット、リスト・ショット、フィンガー・ショットと、それぞれの動きを重視したショットをマスターしておくことが重要になります。

### アーム・ショット

▲写真2-27 肘を中心に作用させて叩く

### リスト・ショット

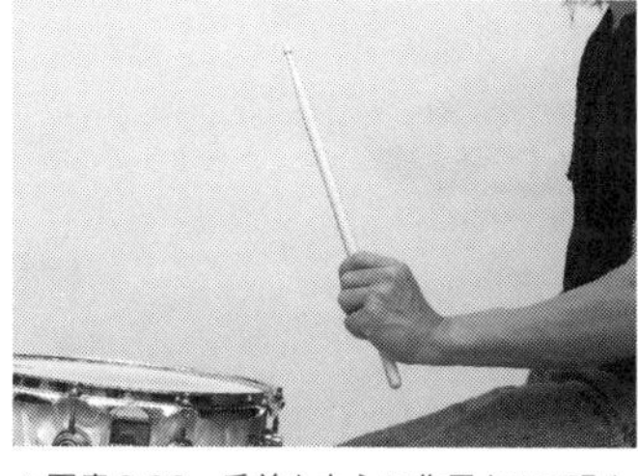

▲写真2-28 手首を中心に作用させて叩く

### フィンガー・ショット

▲写真2-29 指を中心に作用させて叩く

このストロークの基本をふまえた上で、アクセント音とノー・アクセント音をコントロールしてきます（⇒アクセント／ノー・アクセントをコントロールする基本のストロークについては本書P86を参照）。

## ■楽器のいろいろな叩き方

### 1　スネア・ドラム

スネア・ドラムを叩く場合、基本のストローク以外にも出したいサウンドのよって、以下のような叩き方をすることがあります。

#### ①オープン・リム・ショット

リムとヘッドを同時に叩くことにより、金属音の混じった硬いアタックの効いた音色を出す方法です（**写真2-30**）。ロック系のバック・ビートやアクセントをつけるときに有効です。また、叩く位置をヘッドの中心ではなくてリム寄りにすると、ラテン系の音楽などによくマッチするパーカッション風のハイ・ピッチ・サウンドになります。

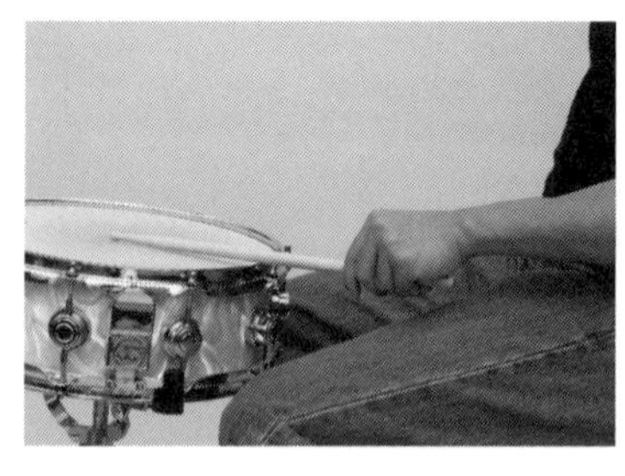

◀写真2-30　オープン・リム・ショット。ヘッドとリムを同時に叩くため、金属音が加わり、硬質なアタック音が得られる

#### ②クローズド・リム・ショット

スティックを逆に持って、ヘッドの上に置きます。チップはリムから2cmくらいの場所の上に置いて、親指と人指し指でスティックをつまみ、グリップの位置でリムを叩きます（**写真2-31**）。このとき、残りの3本の指は伸ばしておきましょう。“カツッ”という歯切れの良い音がします。バラードのバック・ビートやボサノヴァなどによく使われています。スティックを置く位置によって、音質がかなり変化するので、良い音のする場所を見つけて叩く必要があります。ちなみにク

ローズド・リム・ショットという呼び名は和製英語であって、海外ではクロス・スティックやサイド・スティックと呼ばれます。

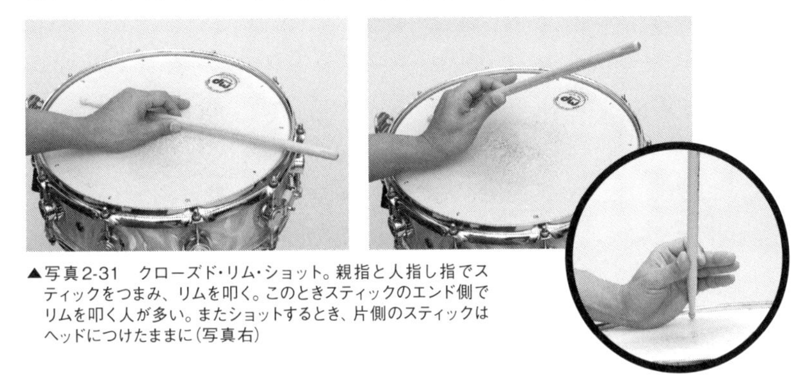

▲写真2-31 クローズド・リム・ショット。親指と人指し指でスティックをつまみ、リムを叩く。このときスティックのエンド側でリムを叩く人が多い。またショットするとき、片側のスティックはヘッドにつけたままに（写真右）

### ③スティック・オン・スティック

チップ部分をヘッドに押しつけた状態のスティックを、もう片方のスティックで上から叩く奏法（**写真2-32**）をスティック・オン・スティックと呼びます。ジャズ・ドラマーなどがよく使う奏法で、“カッ”という木の響きのアクセント音が得られます（クローズド・リム・ショットにもう少しドラムのヘッドの鳴りを混ぜた感じの音になります）。主に左手のスティックを右手で叩くことが多く、左手はどちらかというとレギュラー・グリップの方が叩きやすいです。スネア・ドラムだけでなくタムで使われることもあります。他にスティック・トゥ・スティックとも言います。

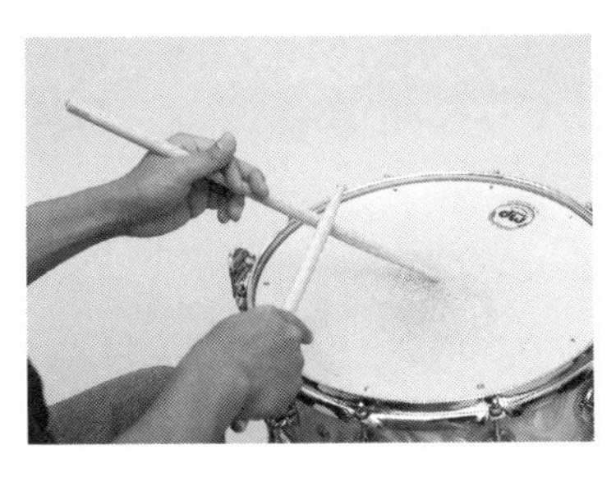

◀写真2-32 スティック・オン・スティック。左手のスティックを右手で叩くことが多い

## ■シンバル類

シンバル類にも、楽器それぞれのサウンドを奏でるため、さまざまな叩き方があります。

### 1 ライド・シンバル

ライド・シンバルでは次の3種類の叩き方を紹介しましょう。

**①カップとエッジの中間をチップで叩く（写真2-33）**

一般的にリズムを刻むときにはこの叩き方です。

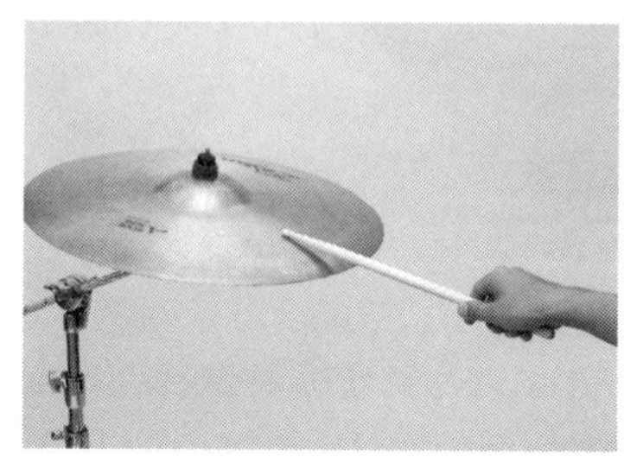

◀写真2-33 カップとエッジの中間を叩く

**②カップをショルダーで叩く（写真2-34）**

"カンカン"という高い音がして、リズム・パターンのアクセントとして効果的です。**譜例2-35**のように①と交互に叩き分けたりもします。

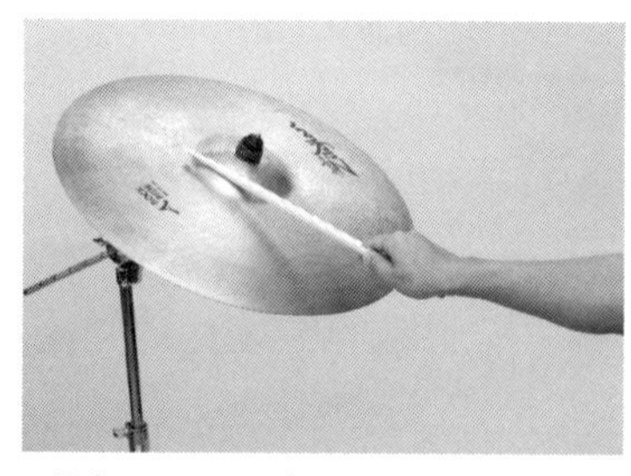

▲写真2-34 カップをスティックのショルダーで叩く

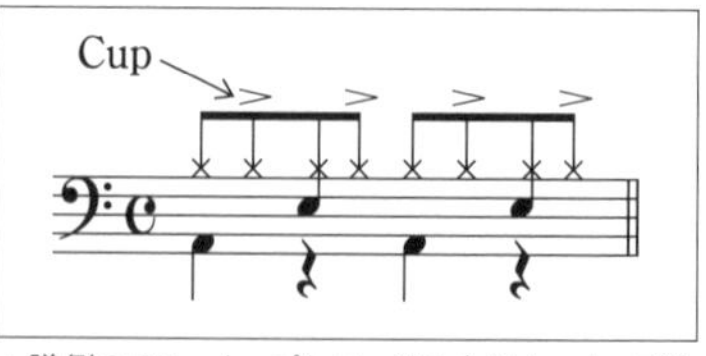


▲譜例2-35 カップとエッジの中間と、カップを交互に叩く例

**③スティックのショルダーでライド・シンバルをクラッシュする**

リズムを刻みながらのアクセントに便利ですが、"バシァーン"と音量も大きく、かなり濃いクラッシュ音がするので、バランスを考えて叩く必要があります。

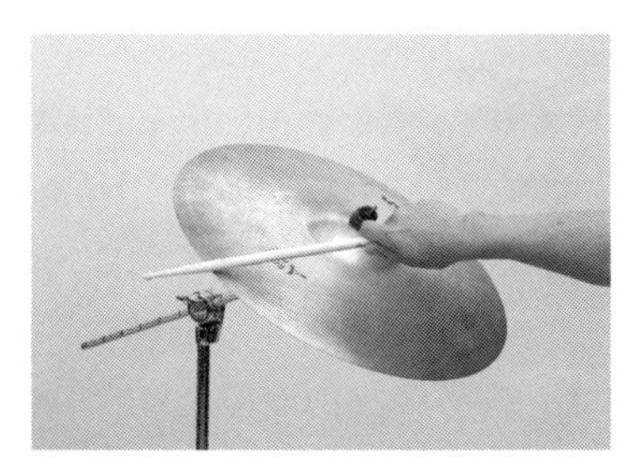

◀写真2-36 ショルダーでライドをクラッシュする

## 2 クラッシュ・シンバル

クラッシュ・シンバルでは次の3種類の叩き方を紹介します。

**①スティックのショルダーでエッジを叩く（写真2-37）。**

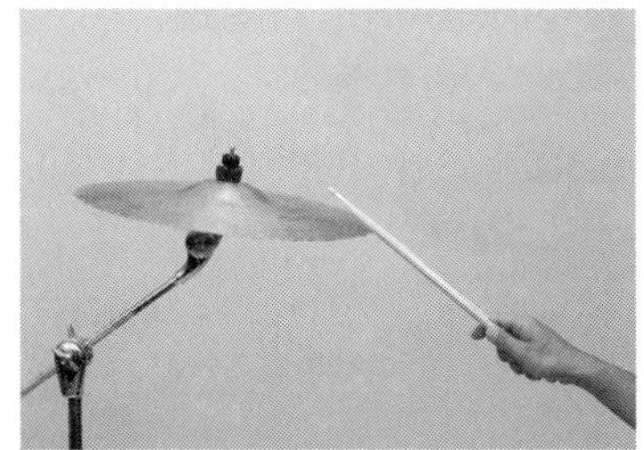

▲写真2-37 スティックのショルダーでエッジを叩く

“ジャーン”というクラッシュ音がします。スティックの当たった衝撃を一気にシンバル全体に伝えるような気持ちで叩くと良いでしょう。

**②スティックを垂直に持って、スティックの中間あたりでエッジを叩く（写真2-38）。**

◀写真2-38 スティックの中間あたりでエッジを叩く

“カツーン”という音がして、バラードなどに効果音的に使用したりします。

**③クラッシュ・シンバルを叩いて、すぐミュートする**

ブレイクやキメなどで使用するとインパクトがあります。叩いた手と逆の手でミュートする方法（**写真2-39**）と、同じ手でミュートする方法とがあります。余裕のあるときは、逆の手でしっかりミュートした方が効果があります。このときスティックは親指に挟んで、残りの指をすべて開放してミュートに使うと良いでしょう。くれぐれもシンバルで手を傷めたりしないように気をつけましょう。

また､叩いたスティックをそのままシンバルに押しつけて､“ジャッ”と効果音的なミュート音を出す方法もあります。

◀写真2-39　叩いた後にすぐ、逆の手でミュートする。チョークとも言う

### 3　ハイハット・シンバル

ハイハット・シンバルでは次の3種類の叩き方を紹介します。

#### ①シンバルのカップとエッジの中間をチップで叩く（写真2-40）

ソフトな音がほしいときに使います。

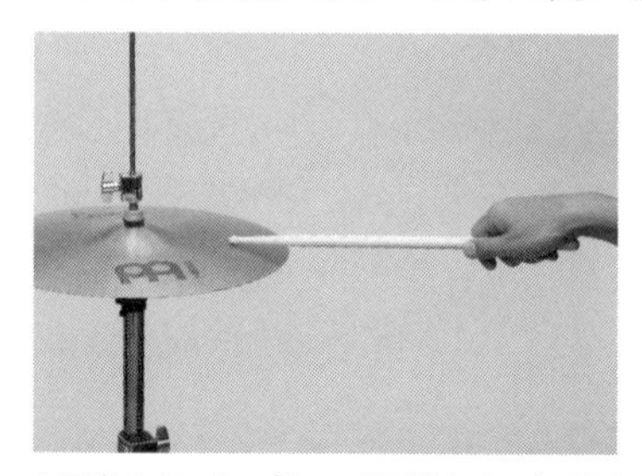

▲写真2-40　カップとエッジの間をチップで叩く

#### ②エッジをショルダーで叩く（写真2-41）

ハードな音がほしいときに使います。また、①と同じ場所をショルダーで叩く場合もあります。

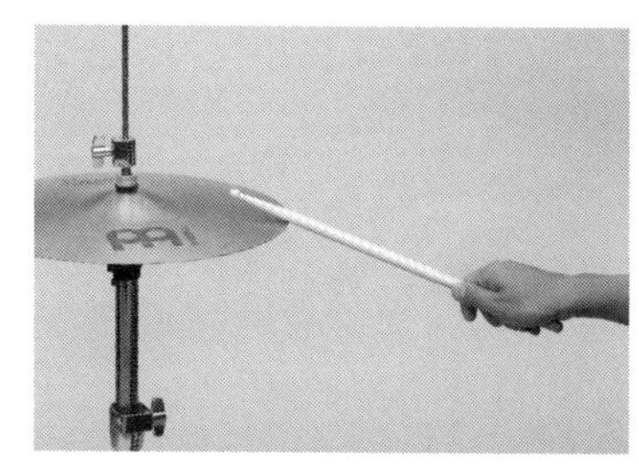

◀写真2-41 カップとエッジの間をスティックのショルダーで叩く

### ③ハイハット・シンバルのトップとボトムの間を少し開けて、ハーフ・オープンにして叩く（写真2-42）

ハード･ロックなどでよく聴くことができる"シャーシャー"という音になります。2枚のシンバルが適度に触れ合う程度に開けて、あまり開けすぎないのがコツです。

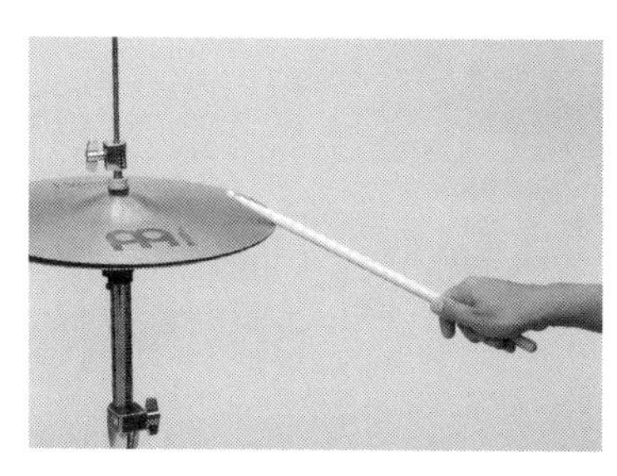

◀写真2-42 トップとボトムの間を少し空けた状態で叩く

## 5 4種類のストローク

ドラムでもメロディアスなアプローチは不可能ではありません。そして、それを意識したドラミングも大切です。しかし、そこはギターやピアノのようにメロディを出すことはできないというドラムの性格上、“アクセント”という要素がとても重要になってきます。アクセントを合理的にコントロールするためには、4種類のストロークが必要です。力の加減ではなく、スティックを振り下ろす高さの違いによってアクセントとノー・アクセントを区別するのです。

### ■アクセント・ストローク

**1 フル・ストローク**

ハイ・ポジションからスタートして、ヒット後、ハイ・ポジションへ戻します(**写真2-43**)。手首をリラックスして、自然なリバウンドでスティックを戻すようにします。

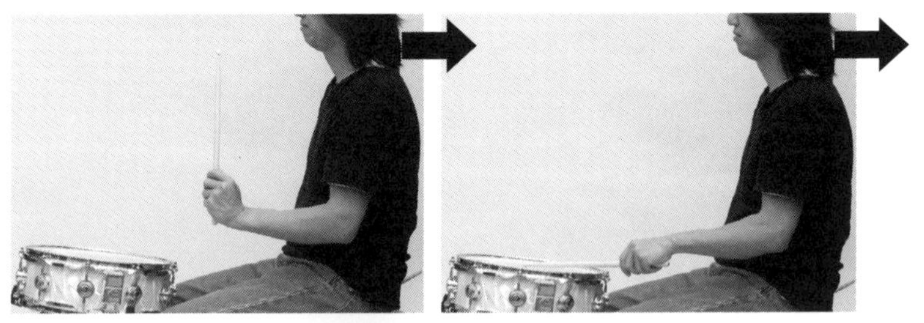

◀▲写真2-43 フル・ストローク

### 2 ダウン・ストローク

ハイ・ポジションからスタートして、ヒット後、打面より2～3cmのロー・ポジションでスティックを止めます（**写真2-44**）。スティックのリバウンドを抑えるのに必要以上の力で握り込まないようにしましょう。力ではなくタイミングが大切です。

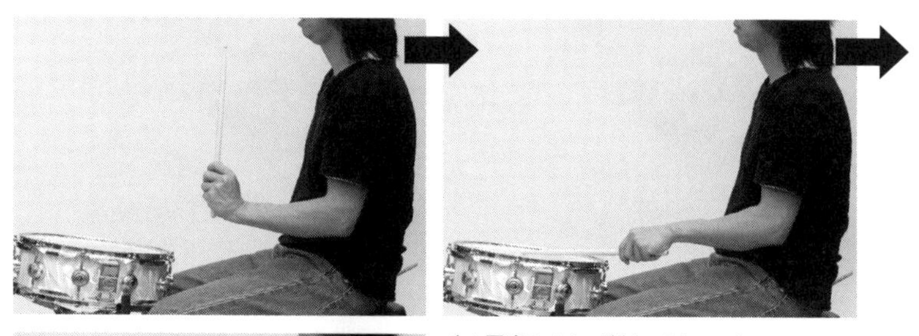

◀▲写真2-44 ダウン・ストローク

特にダウン・ストロークは、ロー・ポジションで確実にスティックを止めることがポイントになります。できるようになるまで、何度も繰り返し練習してください。

## ■ノー・アクセント・ストローク

### 1 アップ・ストローク

ロー・ポジションからスタートして、ヒット後、ハイ・ポジションへ振り上げます（**写真2-45**）。叩く前にスティックを振り上げないように注意しましょう。手首を引き上げながら、ヒットする感じです。

### 2 タップ・ストローク

ロー・ポジションからスタートして、ヒット後、ロー・ポジションへ戻します（**写真2-46**）。スティックは力を抜いて下に落とすだけです。

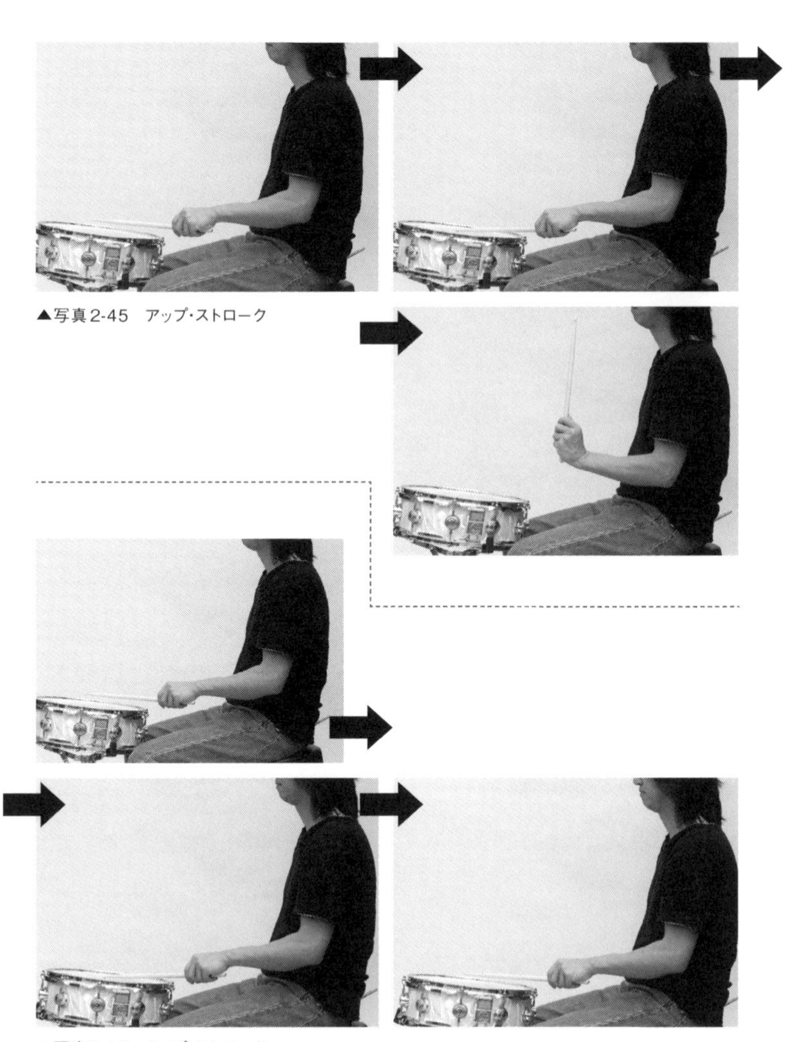

▲写真2-45　アップ・ストローク

▲写真2-46　タップ・ストローク

**譜例2-47**でいくつかアクセントの練習を挙げておきますので、4つのストロークを意識してやってみてください。初心者には難しいと思いますが、ゆっくり気長に練習してみましょう。譜例中のアルファベット記号はストロークの種類で、「F＝フル」、「D＝ダウン」、「U＝アップ」、「T＝タップ」を表します。

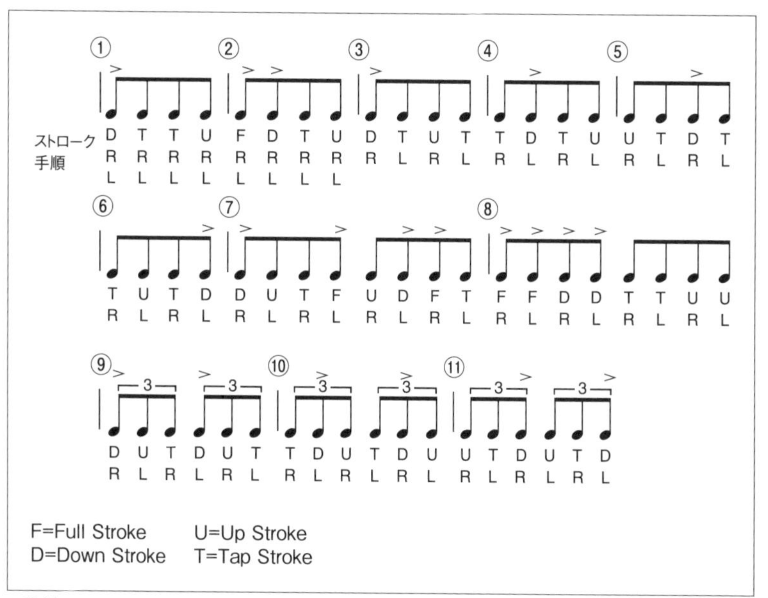


▲譜例2-47 アクセント・コントロールの練習例

## ■ダウン・アップ奏法

フットワークの項目にも出てきましたが、こちらは手を使ったダウン・アップ奏法です。**写真2-48**のように、腕の上下1回の動きにつき2打叩くのがポイント。アップの音を動きの流れに乗ってリラックスして叩くことで、速い音符を楽に演奏できます。また**譜例2-49**のように、ハイハット・シンバルなどで自然なアクセントをつけてリズムを刻むときにも欠かせません。

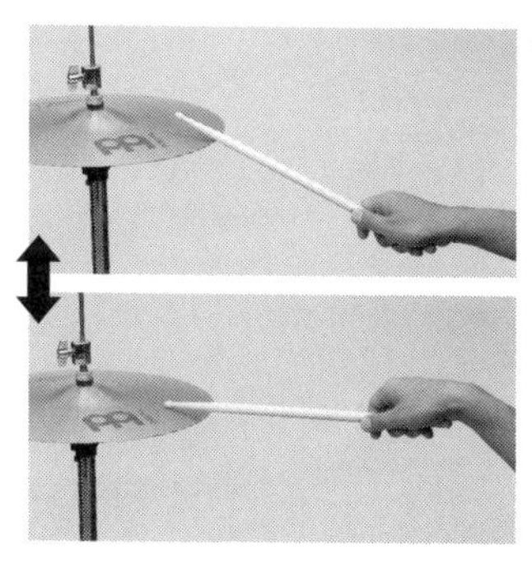

◀写真2-48 腕の上下運動1回で2打叩くダウン・アップ奏法。手首を柔らかく使うことがポイント

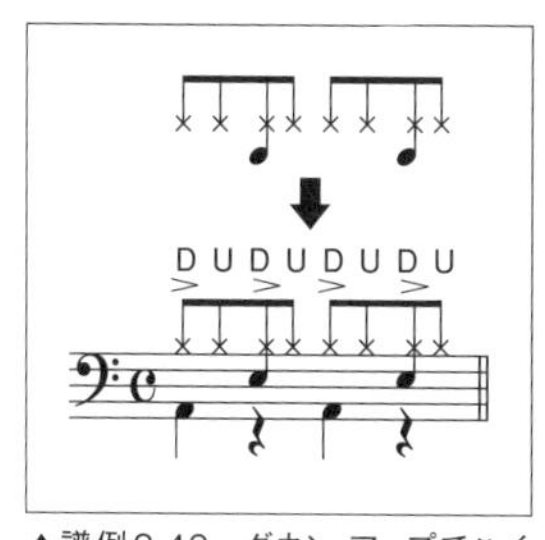


▲譜例2-49 ダウン・アップでハイハット・シンバルを叩くときの例

また、これはアップ・テンポの16分音符のフィルインなどにも有効なので、確実にマスターしておきましょう。そして、初めのうちは、フィンガー・コントロールを使わずに練習した方が、手首の動きを把握しやすいと思います。

アップの音を叩くときは手首が上がってくることによって、スティックのチップが下がり、打面に触れてしまうというイメージを持つと良いでしょう。また、アップの動きのときに、バス・ドラムやスネア・ドラムを同時に合わせて叩く場合は、タイミングがズレたり、ダウン・アップの動きが止まってしまったりすることがあるので、ゆっくりなテンポから確実に練習しましょう。この奏法は、初めは辛いかもしれませんが、慣れれば楽になります。マスターするまで練習あるのみです!!

## ハイハット・シンバルの刻みとグルーヴの関係

リズムを叩くときにハイハット・シンバルまたはライド・シンバルをどのように刻むかによって、リズムのニュアンスやグルーヴは変化します。例えば同じ8分音符を刻むのでも、ダウン・アップ奏法を使って刻む場合と使わない場合では、前者の方は4分音符を強調したビートになり後者は8分音符を強調したビートになるでしょう。前者の方はテンポの速い曲やロック系の曲でよく聴かれるもので、後者の方はファンク系の曲になくてはならない、8分音符をすべてプッシュするグルーヴの叩き方です(譜例)さらにハネたニュアンスのファンク系の曲ならばハイハット・シンバルの音をスタッカート気味に(音を短く切るように)演奏すると雰囲気が出しやすいでしょう。他にもダウン・アップ奏法を使ってウラ拍を強調したり、ランダムにアクセントをつけたりしてビートに変化をつける場合もあります。リズム・パターンを聴いてコピーしたり、演奏するときはハイハットの音のニュアンスによく注目することが大切です。

①ダウン・アップを使う

②ダウン・アップを使わない
(すべてフル・ストロークで)

## 6 ノリの良いリズムを叩くためのテクニック

譜面に書かれた音符だけが音楽を作っているのではありません。ほとんど聴き取れないような音が雰囲気を作っていたり、リズムの微妙な揺れがノリを出していたりします。ここではそのへんのところに触れてみましょう。

### ■ゴースト・ノート

ゴースト・ノートというのは、主にスネア・ドラムで叩かれる、聴こえるか聴こえないかくらいの小さな音のこと。グレイス・ノートとも呼ばれます。リズム・パターンやフィルインなどのときに、右手と微妙に絡み合いながら、左手で叩かれる場合が多いです。それによってフレーズに多彩な表情をつけることができたり、ビートの"ウラ"のニュアンスを表現することでリズムの流れがスムーズになったりするわけです。ジェフ・ポーカロ、バーナード・パーディ、デニス・チェンバース、スティーヴ・フェローン、デヴィッド・ガリバルディ、その他多くのドラマーが美しいゴースト・ノートをプレイしています。

**譜例2-50**は、16ビートとシャッフルにおけるゴースト・ノートの一例。バック・ビートの前にゴースト・ノートが入ることにより、スティックを上げるタイミングが毎回同じになり、結果として安定したバック・ビートが叩き出されます。またバック・ビートの直後にゴースト・ノートが入ることにより、バック・ビートの音符の長さもそれぞれ16分、3連符の長さにコントロールされて、リズムの流れにはまってきます。

▲譜例2-50 16ビートとシャッフルにおけるゴースト・ノートの例

**譜例2-51**は、フィルインの一例です。①、②を比較してみると、①のように休符を頭の中でとるよりも、②のようにゴースト・ノートを入れた方がリズムをとりやすく、フレーズが安定しやすいことがわかるでしょう。

▲譜例2-51　フィルインでのゴースト・ノートの例

ゴースト・ノートのストロークの種類は、タップ・ストロークになります。あくまで“影の音”という感じなので、抑えめに叩きましょう。ハイハット・シンバルの音量よりも小さく叩く、くらいの気持ちです。

## ■ゴースト・モーション

ドラムに関係したもので、もう1つ“ゴースト”のつくものが、このゴースト・モーションです。これは、リズムやフィルインを叩いているときにハイハット・シンバルを踏んでいる方の足の踵で4分音符や8分音符を踏んで、音を鳴らさずにリズムをとる動作のことをいいます。常に身体の一部でリズム・キープをすることによってプレイが安定すること、左足を基準にすることで、手足のコンビネーションのフレーズが演奏しやすくなることなどがメリットとして挙げられます。しかし、ゴースト・モーションの動きが利用できるタイミング以外でのハイハット・オープンがやりにくくなったり、グルーヴの流れが左足の影響を受けすぎてしまうというデメリットもあります。

あくまでも、グルーヴは腰を中心とした身体で感じることが基本。ゴースト・モーションはひとつのガイドとして、意識的に踏んだり踏まなかったりを使い分けるのが望ましいです。また、つま先の圧力がゴースト・モーションを行うことによって変化してしまうと、ハイハット・シンバルを刻んでいるときにウラ拍が勝手にハイハット・オープン気味になってしまうことがあるので注意しましょう。

## ■サブディビジョン

サブディビジョンとは、"細分化"という意味です。わかりやすくいえば、音楽の基本となる4分音符と4分音符の間をどんなふうに細かく分けて感じるかということになります。それによってビートのグルーヴも変わってきますし、細分化された音符を常に思い浮かべることによって、リズムも安定してくるわけです。

それを訓練するのに一番良い方法は、サブディビジョンを歌いながら叩くことです。これには、実際に数を数える方法とフレーズを歌う方法とがありますが、後のルーディメントの章でそれぞれいくつか例を挙げておきますので(本書P132)、声を出して歌いながらいろいろな練習をしてください。例えば、同じ8ビートの練習の場合も、8分音符を歌いながら叩くのと16分音符を歌いながら叩くのではフィーリングが異なってきます。いろいろなパターンを試してみると面白いでしょう。

## ■リズムの"オモテ"と"ウラ"

ノリの良いビート感を出すために、常に意識しておきたいことがあります。それがリズムの"オモテ"と"ウラ"です。リズムにはオモテとウラが存在します。例えば"1&2&3&4&"とリズムをカウントした場合、数字の部分を拍のオモテまたはアタマと呼び、そして"&"の部分を拍のウラと呼びます。ウラ拍はリズム感を養うためにも大切なポイント。演奏中は常に意識を配っていたい部分です。ちなみに、第5章「リズムを鍛えるトレーニング」でも紹介していますが、3連符のウラというと3連符の3打目、16分音符のウラというと16分音符の2打目や4打目を指します(**譜例2-52**)。また英語では、拍のアタマを"オン・ビート"や"ダウン・ビート"、ウラ拍を"オフ・ビート"や"アップ・ビート"と表現します。

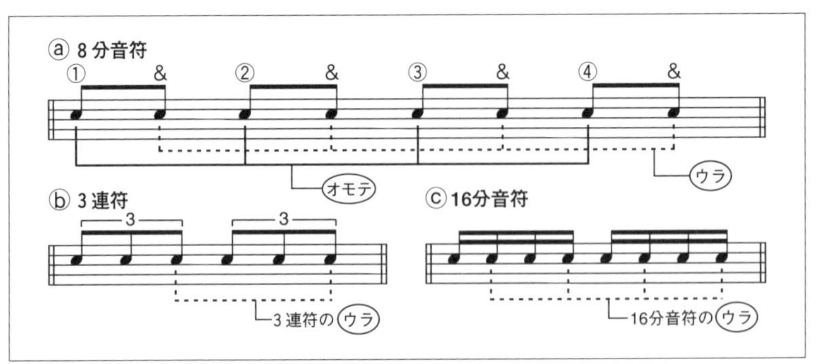


▲譜例2-52　リズムの"オモテ"と"ウラ"

## 7 バンドにおけるドラマーの役割

前項までに叩き方の基本について解説を進めてきましたが、ここでは非常に重要な観点からドラマーについて考察してみましょう。

### ■リズム・キープ〜ドラマーはバンドの要

まず、バンドの中でのドラマーの役割として一番先に挙げられるものは"リズム・キープ"です。ドラマーはバンドの土台として、メンバー全員のリズムを1つにまとめなくてはいけません。そのためには、みんなが合わせやすいように、リズムの位置(つまり4分音符の位置)をしっかりメンバーに伝えるという役割を行っているのです。

断わっておきますが、これはライヴなどでハシったり(テンポが速くなること)モタったり(テンポが遅くなること)するな、という意味では決してありません。曲の展開に添って多少ハシってしまっても、リズムの位置がきちんとメンバーに伝わってさえいれば、まとまった勢いのある素晴らしい演奏が生まれることは多々あります。これは曲の流れの中で起こる当然のことで、クリック(テンポのガイドとなるメトロノームの音)を使用せずに録音したCDなどを聴いてもわかるはずです。しかし自分勝手に興奮したり力んでしまったりしてリズムが一定せずメチャクチャになってしまったら、どんなに他のメンバーが良いプレイヤーでも良い演奏は望めません。つまりドラマーはバンドの要。とても責任の重い立場なのです。どんなに熱くなっても、どこか冷静に周りを見渡せる目が必要だということでしょう。

### ■グルーヴ〜生身の人間が叩くことのメリット

グルーヴとは、ズバリ"ノリ"のことを指します。人の身体の動きにつれてビートに生じる、一定の歪みと言い換えても良いでしょう。

ただ単にリズムをキープするだけならばリズム・マシンでも十分。また、リズム・キープがしっかりできていても、グルーヴが良くなければつまらないものになってしまいます。生身の人間が叩くからには、そこには例えば何か心が踊るような、グイグイ引っ張られる勢いのつくような"グルーヴ”が存在しなくてはいけません。

また演奏する曲によっても、何拍子でどのようなグルーヴなのかが変わります。そこをしっかり把握して、その曲に合ったグルーヴで叩くことも大切です。例えば16ビートのグルーヴなのに8ビートのグルーヴで叩いてしまったら、曲の表情がまったく違うものになってしまうので注意しましょう(後の“ビートについて”の項で詳しく解説します)。

## ■ダイナミクス

ダイナミクスとは、音の強弱のこと。音楽を演奏する上で、これはとても大切な要素です。ドラムはダイナミック・レンジの広い楽器なので、この意味でドラマーにかかってくる比重も大きいのです。例えばある曲をドラマーが最初から最後まで同じ強さで叩いたとしたら、どんなに他のメンバーが曲に抑揚をつけても、一本調子に聴こえてしまうでしょう。また、逆にドラマーが曲に抑揚をつけて叩けば、他のメンバーが仮に同じ強さで演奏したとしても、曲に表情がついた感じがするはずです。

ですからドラマーは常に曲のダイナミクスを意識して叩くことが大事。それにはまず技術的なアプローチの方法があります(“POINT”を参照)。

もう1つ重要なのは、気持ちの問題です。例えばイントロのパターンから歌の部分に入ったら、歌を聴かせる気持ちを持ってみてください。そうすると不思議なことに、同じリズム・パターンを叩いていても自然にダイナミクスがつくはずです。今自分が演奏している場面で、どのような気持ちを持っていればいいのかを意識することは、大切になってきます。また、**図2-53**のようなダイナミクスのグラフを頭にイメージするのも、わかりやすい方法です。参考にしてみてください。

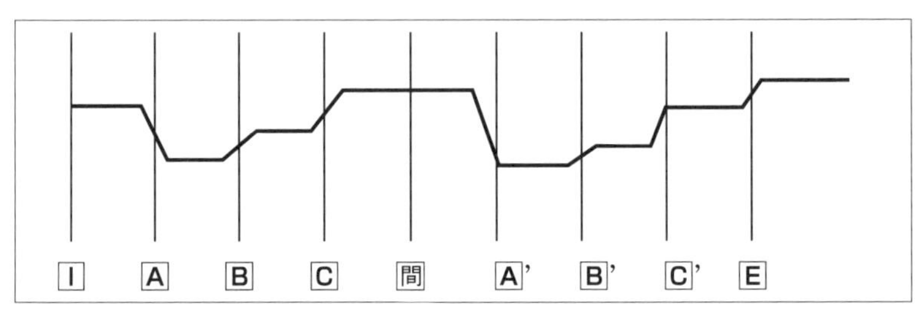


▲図2-53　曲の中でどのようにダイナミクスを付けるかをイメージするとわかりやすい

ダイナミクスを作るアプローチ方法には、例えば曲のサビなど盛り上がる部分に向かうときに派手なフィルインを入れたり、リズムの刻みをハイハット・シンバルからライド・シンバルにする方法や、歌の出だしに戻るときには、その逆のパターンを取る、というような方法が効果的。このように考えていくと、場面ごとにどのようなフィルインが合っているか、または必要なのかが次第にわかってくるはずです。

## ■ダイナミクスのトレーニング

スティックを振り上げる角度を変化させることによって、ダイナミクスをコントロールする練習です。まずは片手で練習してから、両手（オルタネート・スティッキング）で練習しましょう。片手で叩くときは小節の最後の音が、オルタネート・スティッキングで叩くときは小節の最後の2つの音がアップ・ストローク、もしくはダウン・ストロークとなります（**譜例2-54**）。

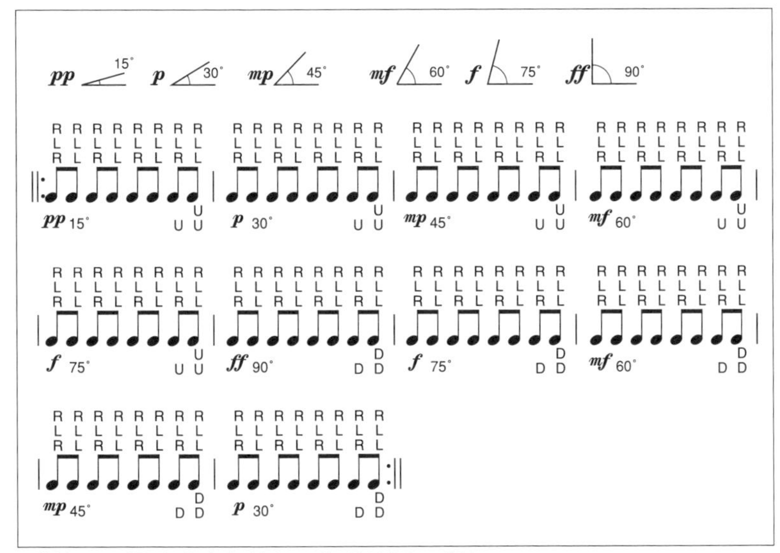


▲譜例2-54　振り上げる角度が大きいほど、ダイナミクスが付く

## 8 カウント

音楽にはテンポというものがあります。何人かで同時に演奏するときには、もちろん全員が同じテンポで演奏しなければバラバラになってしまいます。そのテンポをリードするのもドラマーの役目です。

### ■カウントの出し方

ドラマーの大切な仕事の1つに、曲の始まりに出すカウントがあります。これがきちんと出せなければ、いきなり曲の出だしからバラバラということにもなりかねません。うまいドラマーはカウントの出し方もカッコイイです。では、良いカウントを出すにはどうすればいいか、次に見ていきましょう。

#### 1 曲に合ったテンポで出す

曲のサビなどのメロディを頭の中で歌ったり、イメージする。またはメトロノームでテンポを確認すること。カウントと実際始まった曲の速さが違うということがないよう注意しましょう。

#### 2 グルーヴを伝える

その曲がどのようなノリなのかをわかりやすく伝えるために、曲のリズムのサブディビジョンを頭の中で意識してグルーヴを身体で作り出し、譜例のように声やスティックにそれを伝えると良いでしょう(**譜例2-55**)。

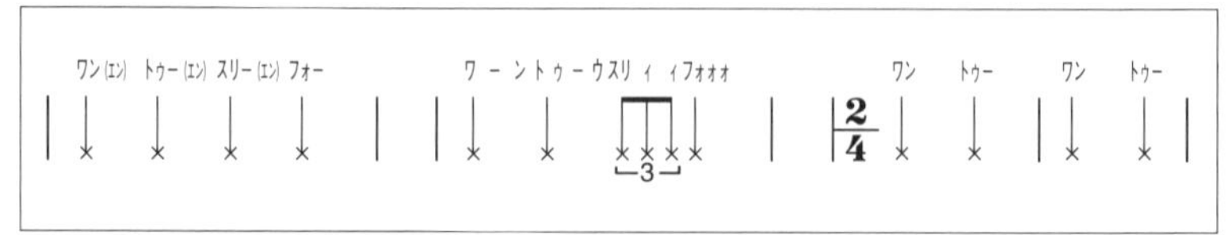


▲譜例2-55 ノリを声にするとわかりやすく伝わる

また、スピードが速い曲や他のパートのピックアップ(弱起)で始まる曲は、**譜例2-56**のようなダブル・カウントという2小節カウントを出すと良いでしょう。

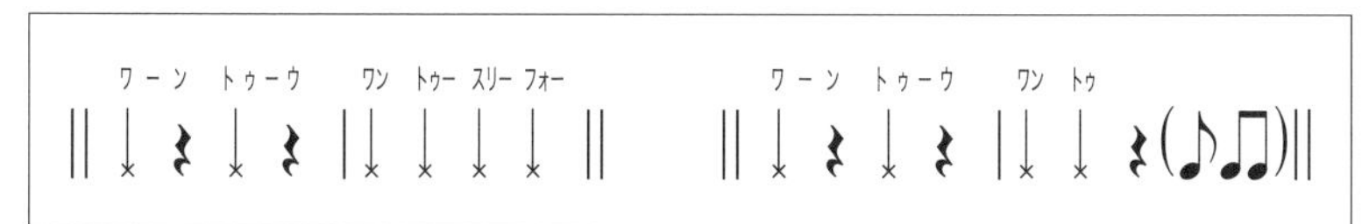


▲譜例2-56　速い曲や弱起で始まる曲はダブル・カウントを出すといい

レコーディングでカウントが必要なときは、後でカウントの部分をカットしやすいようにダブル・カウントの最後の1拍を叩かないという方法を用います。

# 第3章
# 譜面について

ドラムに譜面は無縁だと考えている人もいるかもしれない。確かに、他の楽器のように、譜面から音の高さを読み取る必要はないだろう。しかし、譜面から得られる情報はそれだけではない。拍子やビート感、曲のテンポや構成……。せめてこうしたリズムに関係する要素を、譜面からピックアップできるようになっておいてほしい。

## 1 音符と休符の長さについて

いきなり“譜面”と聞くと、とても難しいような印象を受けます。でも、ドラムの譜面は、他のメロディ楽器に比べると、シャープやフラットに左右されないので比較的簡単です。また、世の中には譜面が読めなくても素晴らしいミュージシャンはたくさんいます。字が読めなくても会話がうまくできれば日常生活ができるのと同じことなのです。

しかし、急にたくさんの曲を演奏しなくてはならない状況になったり、誰かのフレーズや曲を耳でコピーして、ストックしておきたいときには、譜面を読み書きできると能率的で便利です。逆に譜面が読めることによって、音符にとらわれて音楽的な演奏ができなくなっている人を見かけることもあります。これではまるで、役者が台本を棒読みしているようなもの。あくまでも譜面は便宜的な手段であり、そこにニュアンスや表情などを加えて演奏できなくては音楽にならないということを覚えておいてください。

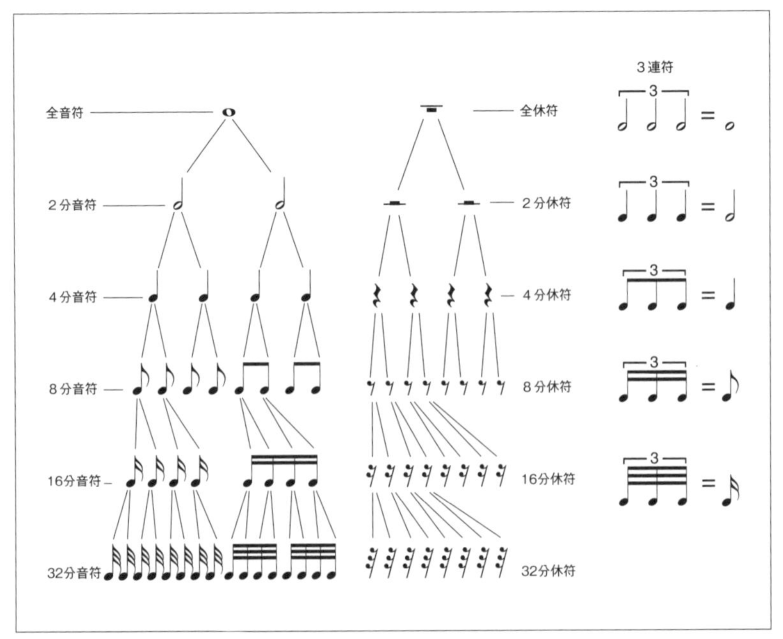


▲譜例3-1　音符と休符の長さの関係

## ■音符と休符の長さ

まず最初に音符と休符の長さの関係を覚えましょう。基本をおさえたら3連符も併せて覚えておくと便利です（**譜例3-1**）。

### 1 音符／休符の長さ～16分音符のバリエーションで覚える～

音符／休符の長さを感じてもらうために、16分音符を例にその組み合わせをいくつか挙げてみます。**譜例3-2**のように言葉を当てはめてみると覚えやすくなります。

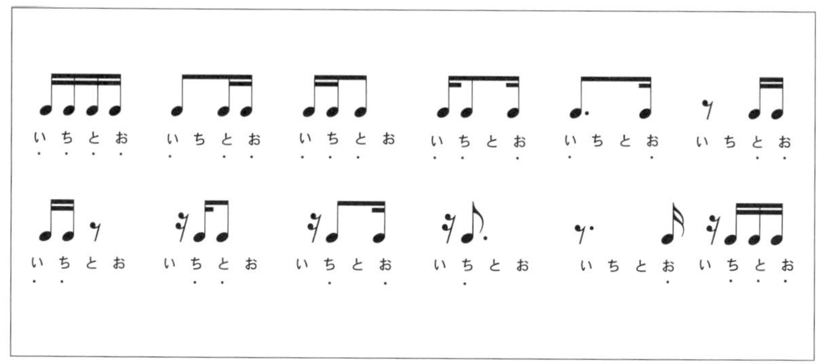


▲譜例3-2 「いちとお」という言葉のアクセントで音符を表す

### 2 付点がついたときの長さ

音符に付点がつくと、もとの音符の2分の1を足した長さになります（**譜例3-3**）。

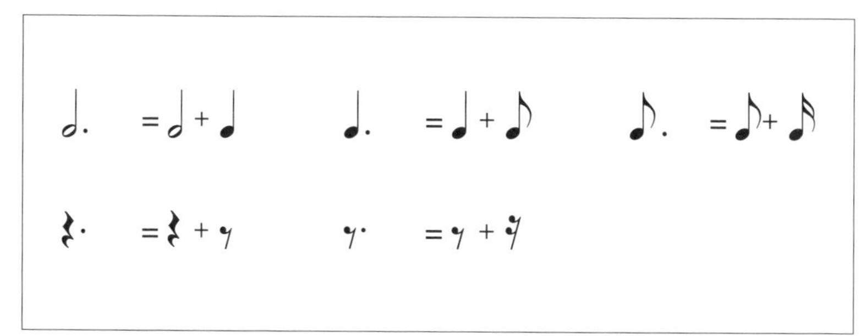

▲譜例3-3 付点音符と付点休符の長さ

## 2 記譜法

音符や休符の種類は前項の通りですが、ドラムの記譜は少々独特な表記が使われています。

### ■標準的なドラムの記譜法

では、ドラム譜の標準的な記譜法を見ていきましょう(**譜例3-4**)。ドラム譜は、タムの数なども人によって違うという点から、こう書かなくてはいけないという厳密な決まりはありません。したがって譜面によっては異なった記譜をしてある場合もあるので注意しましょう。

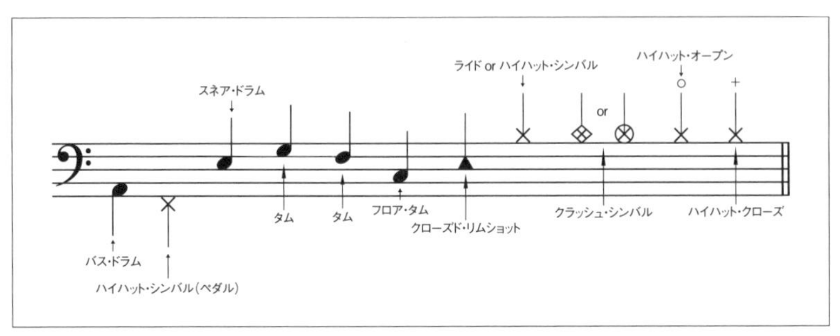


▲譜例3-4　標準的な記譜法

クラッシュ・シンバルは、譜例以外にも上にアクセント・マークを付けて表示する場合もあります( )。クローズド・リム・ショットは、スネア・ドラムの位置にクロス・ノート( )で記譜されることが多いので注意。また、タムの数が多いときは、定められた場所以外にも表示される場合があります。

### ■テンポの表示

曲によっては、譜面のはじめに♩＝120などとテンポの指定がしてあるものもあります。これは、メトロノームで"120の速さ"という意味です。ちなみにこの数字は、1分間に120拍を打つテンポを示しています(♩＝60は1秒に1拍です)。ちなみに英語ではBeat Par Minuteを略してBPMという単位で表記します。

## ■曲の構成

リズム・パターンやフィルインがきちんと理解できても、曲の構成を見失っては意味がありません。譜面を見たら必ず構成を確認することが大切です。また、戻るポイントを見失いそうな箇所には、赤エンピツなどで戻る位置まで線を引いておいたり、自分なりに工夫するといいでしょう。

| 𝄢 | (へ音記号) | ドラムの譜面は低音部記号のへ音記号で記されます |
|---|---|---|
| 𝄆 𝄇 | (リピート・マーク) | 3×などと書いてある場合は、その回数だけ、または<br>x *Time* やオープンと書いてある場合は、合図があるまで繰り返す |
| *D.C.* | (ダ・カーポ) | 曲の一番始めに戻る |
| *D.S.* | (ダル・セーニョ) | 𝄋(セーニョ・マーク)へ戻る |
| 𝄌 | (コーダ・マーク) | *to* 𝄌 から 𝄌 へ飛ぶ |
| *Bis* | (ビス) | 指定された部分を繰り返す |
| 1. 2. | (カッコ) | 1. を演奏してリピートしたら、2回目は 1. を飛ばして 2. へ |
| 𝄎 | (小節反復) | 前の1小節と同じパターン |
| 𝄏 | (小節反復) | 前の2小節と同じパターン |
| *Simile* | (シミーレ) | 同じパターンを繰り返す |

▲表3-1 曲の構成記号

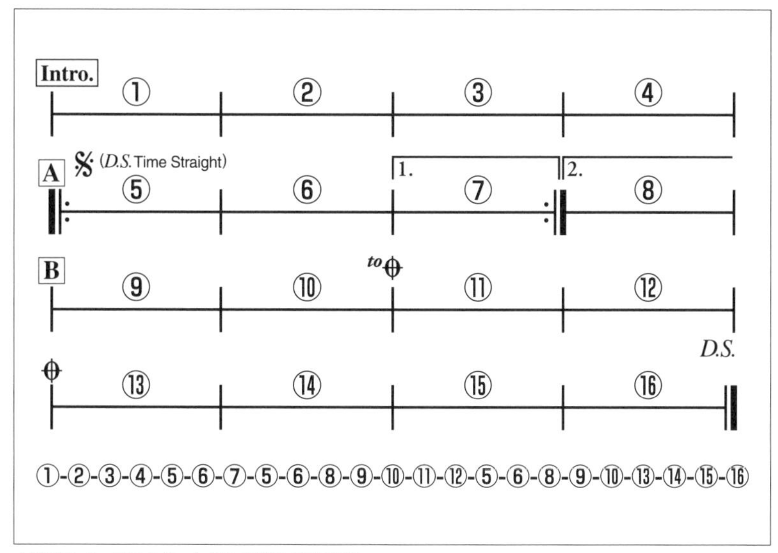


▲譜例3-5 記号を使った例と実際の演奏順序

## ■その他のよく出てくる表示

前項で述べたものの他に知っておくべき表示を記しておきます。これらも、音楽的にドラムを演奏する上で必要となるので、覚えてください。

| *R* | （アール） | 右手で叩く |
|---|---|---|
| *L* | （エル） | 左手で叩く |
| *Fill in* | （フィルイン） | フィルインを叩く箇所 |
| 𝄐 | （フェルマータ） | 音を適当な長さだけのばす。エンディングによく使われる |
| *Fine* | （フィーネ） | 曲の終わりを示す |
| *Tacet* | （タセット） | 8小節なり、16小節の長い休み。<br>バラードなどで 1x *Tacet* などとよく書いてある |
| > | （アクセント） | 強く演奏する |
| *rit.* | （リタルダンド） | だんだん遅く |
| *accel* | （アッチェレランド） | だんだん速く |
| 𝆒 | （クレッシェンド） | だんだん強く |
| 𝆓 | （デクレッシェンド） | だんだん弱く |
| *f* | （フォルテ） | 強く |
| *p* | （ピアノ） | 弱く |
| *pp* | （ピアニッシモ） | ごく弱く |
| *mp* | （メゾピアノ） | やや弱く |
| *ff* | （フォルテシモ） | ごく強く |
| *mf* | （メゾフォルテ） | やや強く |

▲表3-2　その他の覚えておくべき楽典的記号／表示

## ■バンド・スコアについて

バンドで曲を練習するときは、市販のバンド・スコアを参考にする人が多いようです。しかし、初心者ドラマーの中には、バンド・スコアに記されたドラムのパート譜を完璧に真似して叩こうとチャレンジして、かえって音楽的な演奏ができなくなっている人を見かけます。実際にバンドで演奏する際は、バンド・スコアの通りに叩く必要は決してありません。苦手なリズムやフィルインなどは、原曲の雰囲気を損なわない範囲でどんどん簡略化しちゃいましょう。バンドにおいては、ノリを崩さずに1曲を叩き通すことが、ドラマーの最優先課題となります。

# 3 拍子とビート

ドラムというのは言うまでもなくリズムを叩き出す楽器。リズムを語る上で避けて通れないのが以下に解説する拍子とビートの概念です。

## ■拍子について

ある音符をもとにして、それを同じ拍数ずつ区切ることによってできる、一定のサイクルを拍子といいます。譜面上では、拍子記号によって示されます。その代表的な例を**図3-6**にいくつか挙げておきます。

|  |  |  |
|---|---|---|
| 4/4 | C | 4分音符を1拍として、1小節に4分音符4つ分が入る |
| 3/4 | | 4分音符を1拍として、1小節に4分音符3つ分が入る |
| 6/8 | | 8分音符を1拍として、1小節に8分音符6つ分が入る |
| 2/2 | ¢ | 2分音符を1拍として、1小節に2分音符2つ分が入る |

▲図3-6 拍子記号の一例

この他にも変拍子と呼ばれる5拍子や、7拍子のようなものもあります。これらは、**譜例3-7**のように2拍子や4拍子などの偶数拍子と、3拍子などの奇数拍子との組み合わせと考えられることが多いでしょう。

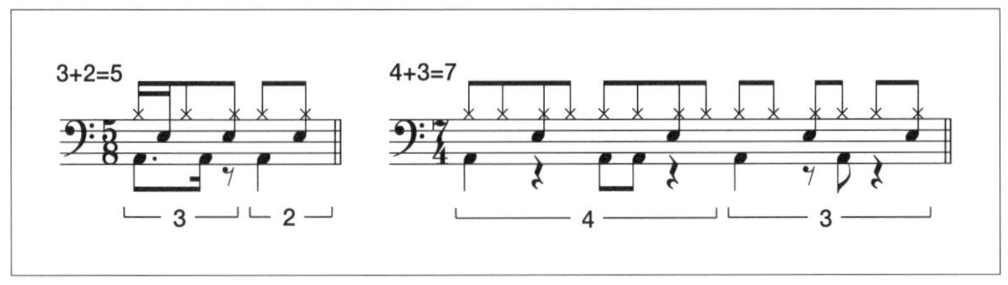


▲譜例3-7 変拍子の一例

## ■ビートについて

ビートとは、1拍と1拍の間を何音符に細分化しているリズムなのかを示すものです。言い換えると、1拍の中に起点となるポイントがいくつあるかということです。ビートはグルーヴと混同されやすいのですが、ビートそのものにはグルーヴは存在しません。ビートにグルーヴというニュアンスをつけたものが、リズムなのです。

## ■8ビート

1拍の間が起点の2つある8分音符で構成されているリズムです。グルーヴのイメージを視覚的に表すと**図3-8**のようになります。これは同じスピードで押したり引いたりする、スクエアな感じのビートになります。グルーブ・ポイントとはグルーヴの種類を決定する重要なリズムのポイントです。拍のアタマとグルーヴ・ポイントの両方をいつも意識しながらリズムを刻むことによって、ビートに合ったグルーヴが生まれます。グルーヴ・ポイントでビートの流れをプッシュして、拍のアタマに戻すイメージを描くといいでしょう。

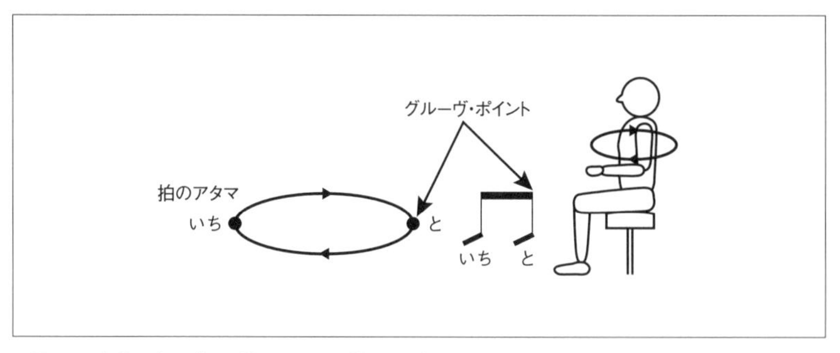


▲図3-8　身体の中にグルーヴのイメージを描きます（図はあくまでその一例であり、曲調やテンポによっては変形することもあります）。

**譜例3-9**のようなパターンが代表的なパターンですが、たとえハイハット・シンバルの刻みに16分音符が混ざったとしても、8分音符のグルーヴを感じながら叩けば、8ビートのフィーリングになると言えます。

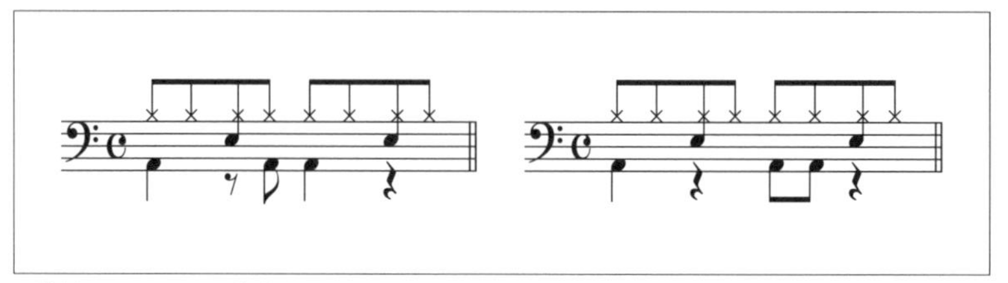

▲譜例3-9　8ビートの代表的パターン

## ■16ビート

1拍の間が起点の4つある16分音符で構成されているリズムです。グルーヴのイメージは**図3-10**のように16分音符3つ分を使ってゆっくりと放物線を描き、4つ目で勢いよくプッシュして1に戻るという感じ。このようなイメージの中でグルーヴを感じることにより、16ビート独特のうねりが出てくるのです。

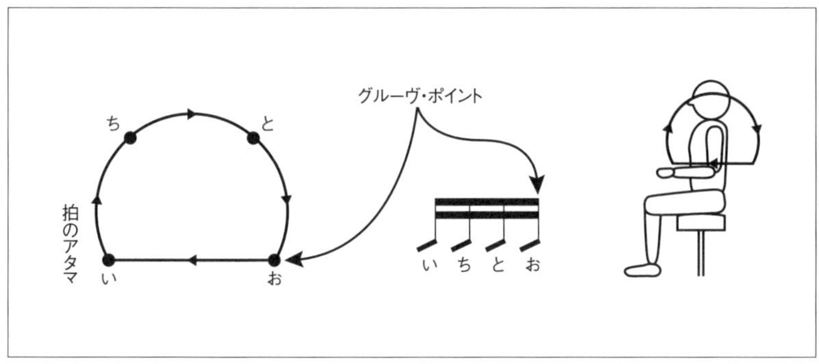


▲図3-10 16ビートのグルーヴ・イメージ

**譜例3-11**のようなパターンが代表的な例ですが、16分音符を叩かなくても16ビートのグルーヴ感があれば、16ビートと言えます。

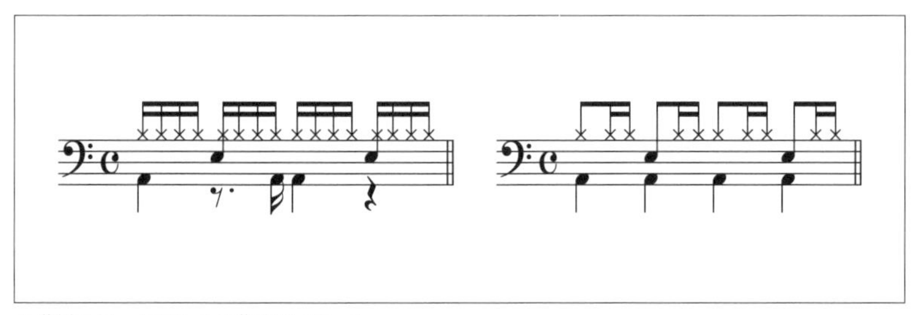

▲譜例3-11 16ビートの代表的パターン

## ■4ビート

1拍の間が、起点が1つの4分音符で構成されるリズムです(**図3-12**)。

4ビートといえば、"ジャズ・ビート"というイメージがありますが(P111参照)、一概にそうとは言えません。**譜例3-13**のようなハード・ロックによく見られるビートも4ビートと解釈できるからです。

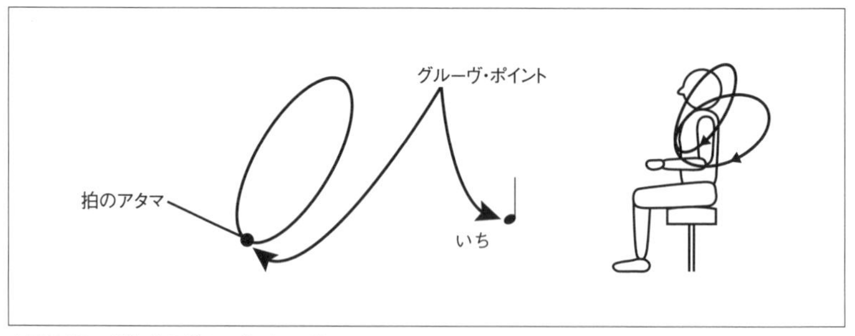


▲図3-12　4ビートのグルーヴ・イメージ

▲譜例3-13　このようなビートも4ビート

## ■3連系

1拍の間が起点の3つある3連音符で構成されているリズムです。グルーヴのイメージは、**図3-14**のようになります。**譜例3-15**はパターン例です。

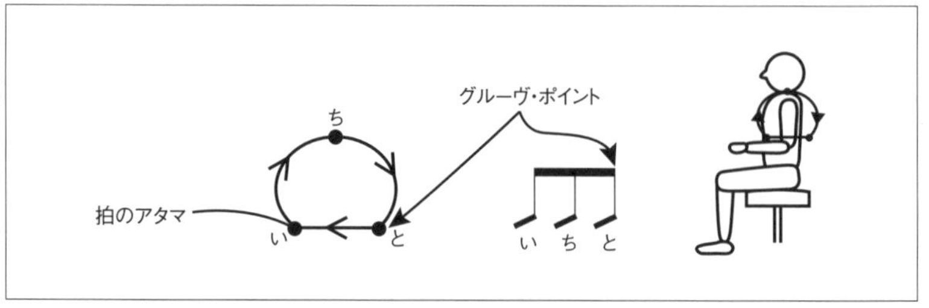


▲図3-14　3連符のグルーヴ・イメージ

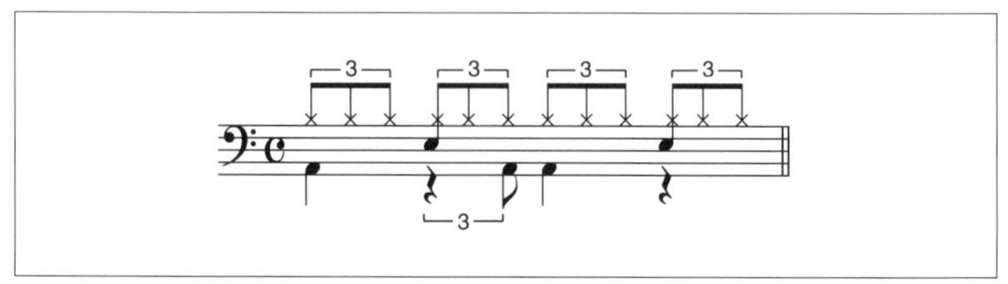


▲譜例3-15　3連符のパターン例

## ■ジャンプ・ビート

次に示すビートはジャンプ・ビートと呼ばれるハネたビートです。

### 1 シャッフル・ビート

一般的には3連符の2つ目の音を休符にして表わされ、“タンタタンタ”というハネたフィーリングで演奏されます。したがって、グルーヴ・ポイントも3連系で解説したように3連の3つ目ということになります。しかし実際の演奏においては、プレイヤーの個性や曲のテンポなどによって、ハネるタイミングが微妙に変化することもあり、必ずしも3連符を基本にしているとは限りません。例えば、テンポが速くなれば、だんだん8分音符に近づいていくし、逆にとても遅いテンポになると、自然に16分音符のようなフィーリングに近づいていったりします。アクセントの位置を変化させたハーフ・タイム・シャッフルと呼ばれるものもあります（**譜例3-16**）。

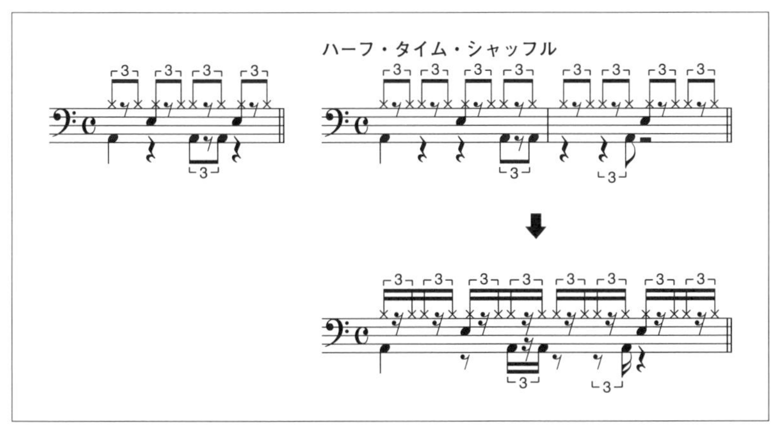


▲譜例3-16 シャッフル・ビートの例

### 2 ジャズ・ビート

シンバルをいわゆる“チンチキチンチキ”とレガートするビートのこと。アメリカなど外国のドラマーはストレート・アヘッドと呼ぶこともあります。基本的にはシャッフルと同じように3連符をもとにしたハネたフィーリング（**譜例3-17**）。しかし、プレイヤーの個性やテンポなどによっては、異なる場合も多く見られます。ちなみにピーター・アースキンは、「ジャズ・ビートを叩くときに、5連符の1つ目と4つ目を叩くとスウィングする」と語っていました。

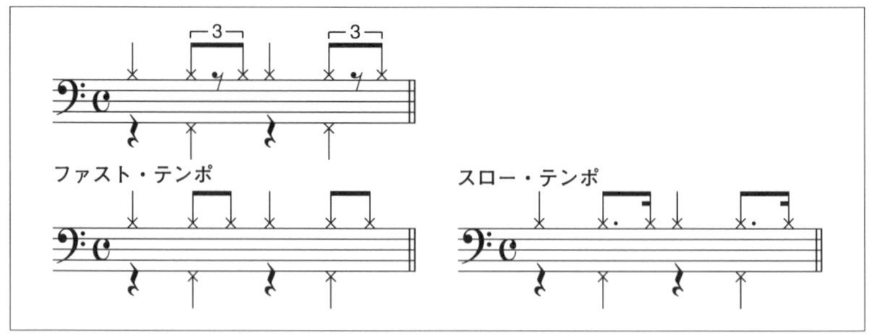


▲譜例3-17　ジャズ・ビートの例

## ■ジャンプ・ビートの記譜法

ジャンプ・ビートの場合は、便宜上**譜例3-18**のように表わされていることが多いでしょう。このときは、譜面の初めに のような指示が書いてあります。見落としてハネない8ビートで演奏してしまわぬように注意しましょう。また、キメも同様に記譜されます。

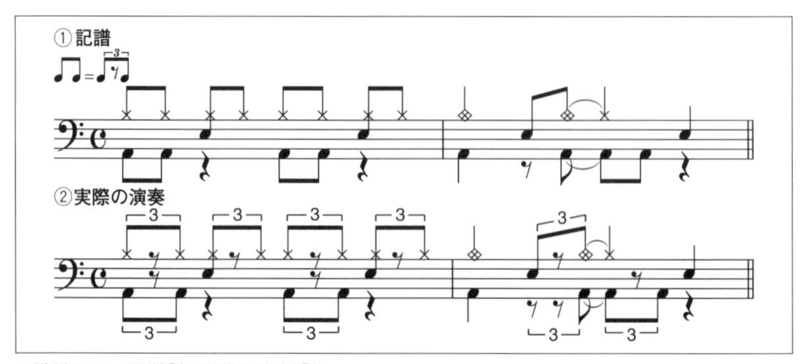


▲譜例3-18　記譜(①)と実際の演奏(②)

なお、これらのグルーヴに関しては、グルーヴの研究でも知られている、つのだ☆ひろさんと近藤郁夫さんに協力していただきました。このグルーヴというものは、実に奥が深いものでなかなか文章では説明しにくいものです。

## 4 その他の楽典的知識

楽典的知識のうち、特にドラマーに関係のある事項をピックアップしました。ぜひ覚えてください。

### ■2拍3連

**譜例3-19**の①のように2拍を3等分するフレーズのことを2拍3連と呼びます。2拍を3等分というと、何だかわかりにくいと思いますが、②のように1拍3連を1つおきに叩いて、タイミングをつかむと良いでしょう。このときに、サブディビジョンを歌うなどして、4分音符の位置を見失わないことが大切です。また、③のように4拍を3等分する4拍3連と呼ばれるフレーズもありますが、これは、3連符を4つおきに叩くことによって演奏できます（④）。

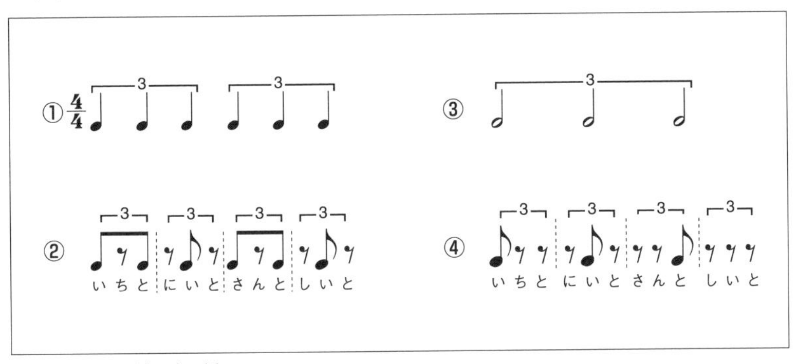


▲譜例3-19　2拍3連の例

### ■シンコペーション

本来は弱いタッチで演奏されるはずの弱拍や拍のウラが強く演奏され、逆に本来の強拍がタイ（次の項を参照）で結ばれるなどして弱拍に変わり、リズムの強弱の関係が変わることをシンコペーションといいます（**譜例3-20**）。これによって、不安定感や緊張感などが醸し出され、リズムに多くの表情をつけることができます。通常4/4拍子においての強拍とは第1拍目のことを指しており、第3拍目がその次に強い拍になります。しかし、ポピュラー・ミュージックにおいては2拍4拍もバック・ビートで強調されるので、弱拍という印象があまりないはずです。したがって、拍のウラの8分音符や16分音符などが次の音符とタイで結ばれたものを呼ぶことが多いです。シンコペーションはバンド・メンバーの間の会話などでは、俗に“くう”もしくは“くい”などと表現されることが多く、例えば「4小節目の最後の8分をくってみよう」などと使ったりします。

▲譜例3-20　シンコペーションの例

## ■タイ

タイは、同じ高さの音符を線で結び、結ばれた2つの音符を1つの音として演奏することを示します。持続音が出ないドラムなどの打楽器の場合は、2つ目の音符は休符ととらえても表面上は同じこと。しかし、ドラマーも他の楽器のプレイヤーと同じに、常に自分の叩いた音の長さを意識することが大切です。それによって、全体のアンサンブルや表情がガラリと変わってきたりすることもあるのですから。

## ■ポリリズム

異なったリズム、または拍子を2つ以上組み合わせた複合リズムを指します。アフリカやインド、ジャワなどの民族音楽の中にはよく出てくるもので、例えばアフリカのパーカッションのアンサンブルなどでは、**譜例3-21**のように3/4と6/8のポリリズムなどによくお目にかかるものです。

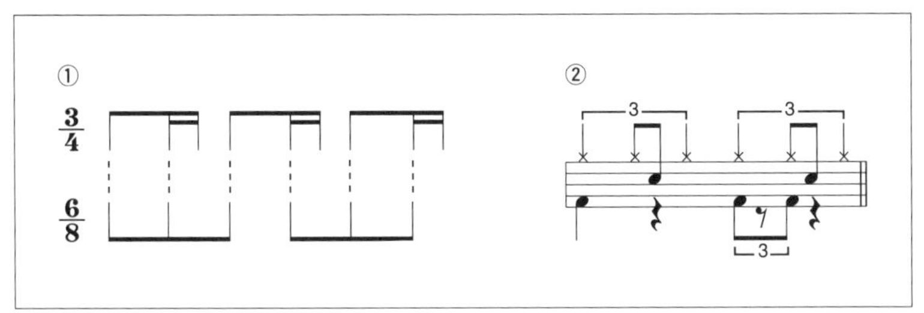


▲譜例3-21　①は3/4と6/8のポリリズム　②はシャッフル・パターンでのポリリズミックなアプローチ

## ■3拍フレーズ

4/4拍子の中で3拍で構成されたフレーズのことを3拍フレーズ、または3拍子フレーズと呼びます(**譜例3-22**)。

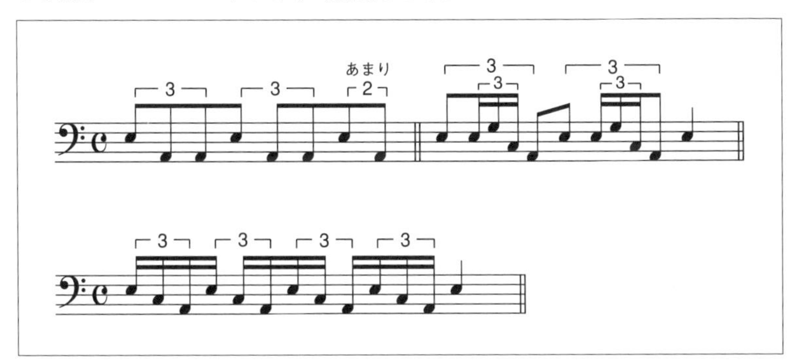


▲譜例3-22　3拍フレーズの例。いずれもフィルインやドラム・ソロなどで、よく耳にするもの

3拍フレーズには複数回繰り返し演奏することによって、本来の拍を見失わせるような錯覚をおこさせる効果があります。ただし実際には3拍ではないが、8分音符や16分音符を基準に3つ分の長さを持つフレーズも3拍フレーズと呼びます。また、特に8分音符が3つ分の長さを持つフレーズは1拍半フレーズとも呼ばれます。

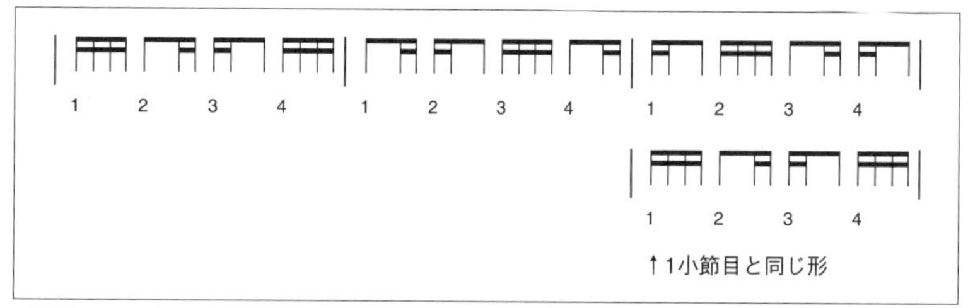


▲譜例3-23　上記のように3拍フレーズを続けると、4小節目には1小節目と同じ形が現れる。本来の拍子を見失わないようにカウントしながら叩き続ける練習を根気よくすると、実際に演奏の中でも使えるようになるはず。ただし、頭の中が3拍子にならないように注意すること。

## ■ダブル・タイムとハーフ・タイム

曲の中でテンポが倍の速さになることを、ダブル・タイム（テンポ）。逆に半分の速さになることを、ハーフ・タイム（テンポ）と呼びます。**譜例3-24**の①は1小節目の8ビート（♩＝90）が2小節目からは倍のテンポ（♩＝180）になっている形。♪＝♩は前の小節の8分音符を次の小節からは4分音符として演奏することを意味しています。同じことを譜面上でテンポ・チェンジをしない形で表記をすると、②のようになります。①と②どちらの表記でも意味は同じです。どちらが使われるかはケース・バイ・ケースと言えるでしょう。譜例の③、④は同様のハーフ・タイムの例になっています。

▲譜例3-24　ダブル・タイムとハーフ・タイムの例

## ■スリップ・ビート

演奏中にリズム・パターンを、例えば8分音符や16分音符単位で前または後ろへ規則的にズラし、本来は拍のアタマではないところを一時的に拍のアタマのように感じさせるフレーズをスリップ・ビートと呼びます。スリップした状態は4小節以上続くこともあれば2拍で終わる場合もあります。しかし本来の拍の位置は変化しないので必ず元のビートに戻ります。**譜例3-25**は1小節目の8ビートを2小節目から8分音符1つ分後ろへズラした形になっていて、4小節目で解決しています。スリップ・ビートを練習するときは、本来の拍を見失わないように口で"1・2・3・4"とカウントしながら叩くと良いでしょう。また場所をわきまえずに使うとほかのメンバーから嫌がられる場合もあるので注意が必要です。効果的にセンス良く使いたいものです。

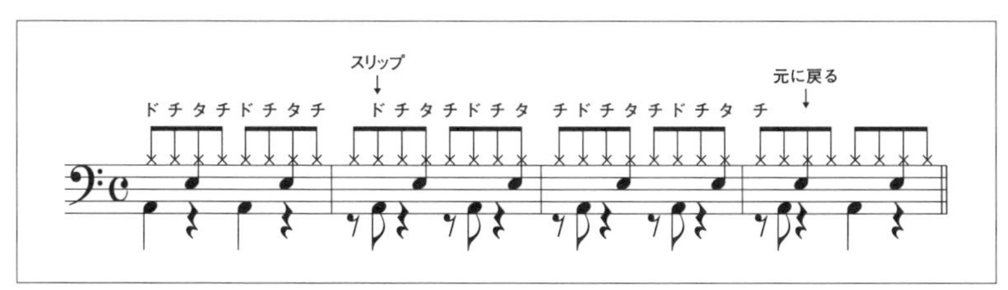


▲譜例3-25 スリップ・ビートの例

## ■奇数連符

奇数連符というと3連符を思い浮かべますが、実は他にもいろいろあります。見たり聴いたりする機会はさほど多くはないですが、その中でも5連符や7連符は比較的使われることの多い音符です。

最も基本の5連符や7連符は、3連符や6連符などと同様に1拍の長さをそれぞれの数で均等に分割して叩く音符、1拍5連符や1拍7連符などとも呼ばれます。記譜の仕方は**譜例3-26**のように16分音符で記して、音符の上に5や7と連符の数を表示します。譜面によっては、5：4や7：4などと表示してある場合もあり、これは16分音符ならば普通は1拍に4つ割り当てる長さのところを5つまたは7つに分割するということを表わします。

手順についてはいろいろな種類が考えられますが、まずは交互に叩くオルタネート・スティッキング（**手順①**）で練習して5連や7連の感じに慣れることが大切です。スロー・テンポから始めて、「いち・にい・さん・しい・ご」や「ワン・ツー・スリー・フォー・ファイブ」などと数えながら叩くと理解しやすいと思います。また例えば5連符なら「オムライス」、7連符ならば「レベニライタメ」と食べ物や地名などの言葉を語呂合わせで当てはめて唄いながら叩くのも、奇数連符に慣れる良い方法として昔から（？）伝わっています。

オルタネート（交互打ち）の手順では右手から始めると2拍4拍目の音符は必ず左手からになるため、左右でバランス良く叩くことが大切になります。その他の手順の例としては、**手順②**のようにダブルを混ぜて常に右手からスタートする手順にしたパターン（慣れればドラム・セットでも応用が効きやすく実践的といえるでしょう）。**手順③**と**手順④**はそれぞれシングル・パラディドルとダブル・ストロークを当てはめたもの。奇数連符を4つや2つの偶数を使った手順で割る形になるので難易度が高いですが、スティック・コントロールの練習やリズム・トレーニングとして

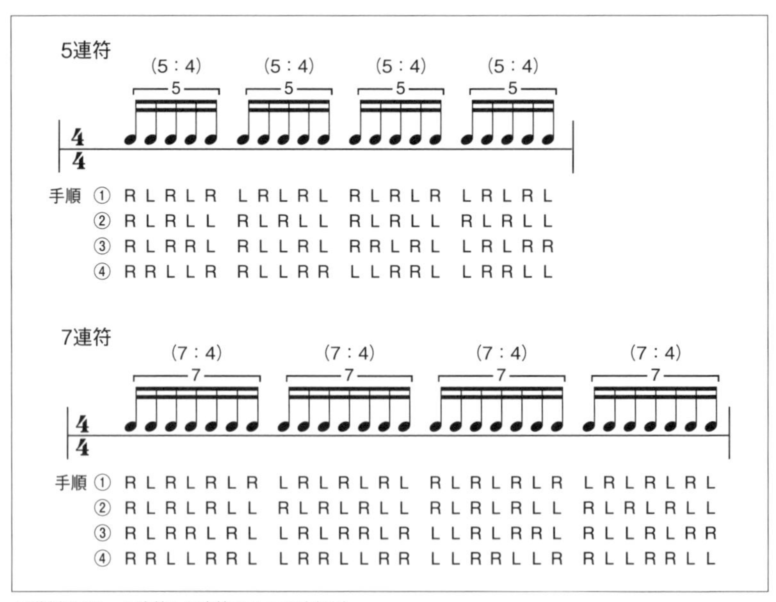

▲譜例3-26　5連符と7連符の4つの手順例

も使われます。

また5連符や7連符のバリエーションとしては、2拍5連や2拍7連があります(**譜例3-27**)。2拍の長さを均等に5つや7つで分割する音符で、1拍5連符や1拍7連符を1打おきに叩くことによって演奏することができます。5連や7連は、割り切れない感じがあり、複雑な印象を受ける音符です。フィルなどで使うと16分や6連符などでは得られない微妙なスピード感があり、個性的なフレーズを作ることも可能です。また単にリズム練習として取り組むだけでも十分価値はあります。ぜひチャレンジしてみてください。

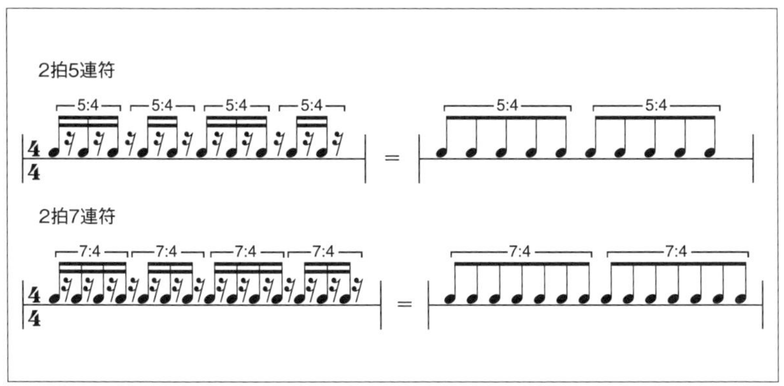


▲譜例3-27　2拍5連と2拍7連

## ■奇数割り

奇数連符のほかに奇数の関係するもので、テクニカルなドラマー達によく使われる“奇数割り”というのがあります。これはフレージングのアイディアとして、5や7の奇数からなるフレーズを16分音符や6連符に当てはめていく手法のことをいいます。

**譜例3-28**は“16分音符の5つ割りのフィルイン”の例。16分音符を5つ使ったベーシック・フレーズを1小節の中で3回叩いて“5＋5＋5＋1＝16”という形で組み込んでいます。2や4や6といった偶数のビートの中に奇数のフレーズを入れることによって、ポリリズム的な緊張感のある独特で新鮮なフレーズが生まれます。

▲譜例3-28　ベーシック・フレーズ(左)を16分音符に組み込んだ例

## ■クラーベ

クラーベとは、主にアフロ・キューバン系をはじめとするラテン系の音楽において、リズムの基準となる音形のこと。代表的な形は譜例のソン・クラーベとルンバ・クラーベの2種類。**譜例3-29**のように1小節目が3音で3小節目が2音の形を“3－2クラーベ”(スリー・ツー・クラーベ)と呼び、逆の形の“2－3クラーベ”(ツー・スリー・クラーベ)もあります。本来はクラベスという拍子木のような木の棒を打ち合わせますが、ドラム・セットにおいては、クローズド・リム・ショットを用いて演奏したり、左足でカウベルやプラスティック製のパーカッション(ブロック)を踏むドラマーもいます。

▲譜例3-29　クラーベ

# 第4章
# ルーディメント

演奏に必要なスティックさばきを整理してまとめたものがルーディメント。言ってみればドラムを演奏する上での基礎中の基礎。この基礎技術をマスターしなくては、いくらアイディアがあっても、それを表現することはできないだろう。退屈だなんて言わないで、ここでしっかりと身につけておこう。やり方次第で、基本的なトレーニングですら楽しくなるはずだ。

## 1 ルーディメントとは?〜そのメリットと練習の心構え〜

みなさんの中には“ルーディメント”と聞いてもピンとこない人もいるのではないでしょうか。名前だけは聞いたことがあるけれども、よくわからないという人も多いと思います。では、ルーディメントとは何でしょう？

### ■ルーディメントとは!?

ルーディメントとは、英語で“基本”という意味であり、その名の通りスネア・ドラムにおける基本的なスティッキングを集めたものです。これは英語のA、B、Cのようなもので、それをつなげて単語や文章を作っていく基本の文字だと考えればいいでしょう。マーチング・ドラムなどで聴くことができるフレーズはルーディメントの組み合わせで構成されています。

このルーディメンツとは、もともとは軍隊から派生したもので、行進したり、または戦闘中に部隊の動きをコントロールし、グループ同士の情報交換するための信号として使われてきました。

代表的なものとして「The Standard26， American Drum Rudiments」という26種類のルーディメントがあります。これは、1933年にアメリカの有名なドラマー13名がシカゴに集まり、ディスカッションをして13のドラミングの主用基礎を選んだもの。その後、このグループがThe National Association Of Rudimental Drummers（NARD）という団体に発展して、さらに13の基礎を加えて完成させたものです。

現在では、さらに14種類を加えた「インターナショナル・ドラム・ルーディメンツ40」という形に発展しています（本書付録に掲載）。これ以外にも、ルーディメントには、「スイス・アーミー・ルーディメント」、「スコットランド・ルーディメント」、「コースタイル・ルーディメント」などがあります。

アメリカなど外国の有名なドラマーのインタビューを読んでいると、“ドラムを始めたきっかけは何ですか？”という質問に対して、「小さい頃に学校でマーチング・バンドを始めて、そこで先生にスネア・ドラムでルーディメントを習いました」などと答えているのを読んだことがあると思います。アメリカではマーチング・バンドが非常に盛んで、まずそこでルーディメントをしっかりとマスターしてからドラム・セットに移行する人が多いようです。あのスティーヴ・ガッドが、10年間ぐらいマーチング・バンドで叩いていたとインタビューで言っていたほどです。

しかしそれに対して、日本の場合はいきなりドラム・セットに座って8ビートなどからドラムを始める人が多いのではないでしょうか（何を隠そう、実は私もそうなのですが……）？　そのためか、ルーディメントがおろそかになったり、後回しになってしまう人が多いようです。しかし、非常に多様化した今日の音楽やドラミングに対応するためには、ルーディメントは避けて通れないもの。ここでしっかりマスターしましょう。

## ■ルーディメントのメリット

ルーディメントなんかできなくても、もちろんドラムは叩けます。ルーディメントが得意ではないけれど、素晴らしいドラマーはたくさんいます。時にはそれと知らずに、ルーディメントをプレイしているドラマーもいるほどです。しかし、ルーディメントを練習するメリットは、次のようなことを体得できるからです。

### ①正確なスティック・コントロールが身につく

ルーディメントをやっていると、片手で3つや4つの音を続けて叩かなくてはいけない場面も多々出てきます。したがって手首や指がうまく使えないと叩けないため、それらのコントロールの強化に役立ちます。またアップ・ストロークやダウン・ストロークなどをきちんと意識して叩くことによってダイナミクス（音の強弱）をつけるテクニックも身につくでしょう。そして正確なスティック・コントロールが身につくことによって、結果的に自分に一番合っている合理的なグリップやフォームが見つかるに違いありません。

### ②左右のバランスが良くなる

ドラム・セットを使った練習ばかりしていると、すべて利き手（たいていは右手）でリードしてしまいがちになります。すると、どうしてもバランス的に右手のみが強化されてしまいます。ルーディメントでは、右手でスタートしたら、次は左手でスタートというような手順が交互にくるものが多く、左右の手を同等に使います。そのため左右のバランスを良くするのにもとても役立つでしょう。

**③実際の演奏にルーディメントを応用することができる**

ルーディメントのいろいろな手順を知っていると、その応用で同じフレーズの中で手順を組み変えて楽に叩けるようになったりします。それはドラムからドラム、ドラムからシンバルなど、ドラム・セットの上を自由に動き回るための助けにもなります。また、そのまま応用して、リズム・パターンやフィルインに使ってもカッコいいので、ドラム・ソロには必需品と言えるでしょう。

ルーディメントの譜面は、いかにも難しそうです。見ただけで拒否反応を起こしそうになり、「自分は肉体派ロック・ドラマーだから2つ打ちなんかできなくても、すべて1つ打ちで男っぽく決めるんだ」と思っている人もいるでしょう。でも気楽にゲーム感覚でぜひトライしてみてください。ルーディメントを練習すると、今までと同じことをしていても音色がきれいになったり、演奏に余裕がでてきたり、いろいろな新しい発見が出てくるはずです。

## ■練習時の心構え

それでは実際にルーディメントの練習に入る前に練習時の心構えを述べておきましょう。これはもちろんルーディメントだけでなく、すべての練習について言えることです。

**①なんといってもリラックス**

まず、第1にリラックスすること。これは何をするにも大切なことですが、肩や肘や手首や親指のつけ根などの余計な力は抜くようにしましょう。無駄な力が入っていては肩が凝って長時間叩けませんし、マメができたり腱鞘炎になったりする原因にもなってしまいます。力が入っている部分やどこか痛くなったところがあるならば、奏法を見直してください。そのためには、無理のないゆっくりとしたテンポから練習を始め、徐々にテンポ・アップしていくのが効果的です。

**②集中力を鍛える**

当り前ですが、集中力を鍛えることはとても大切です。集中力があるかないかはプロとアマチュアの違いを最も感じる部分でもあります。長い時間集中できるようになることが理想ですが、だらだらと長時間練習するくらいなら、短時間でもしっかり集中して練習した方が効果が上がります。また長時間練習するときは、50分練習して10分休憩するなど、時間をきっちり区切るのが効果的。スティックを握ったら常に集中できるように日頃から訓練しておくとライヴでも役に立ちます。

**③グルーヴする**

常にグルーヴに気を配るのも大切な要素。ルーディメントの練習をするときも、バンドで曲を演奏するときも、気持ちは一緒です。少しでも良いグルーブで演奏できるように楽しくノリながら練習することが大切。そういう気持ちでいつも練習をしていないと、ルーディメントなどのテクニックをドラム・セットに応用したときに、音楽的な演奏ができなくなってしまいます。手は速くテクニカルなことができるのに一貫したノリがない演奏になってしまっている人をよく見かけます。どんなに難しいことができても、それではまったく意味がないのです。これは重要なポイント。ただ譜面に書いてあることをなぞるように叩くのではなく、常にグルーヴに気を配って、良いフィーリング(グルーヴ)で叩けるように努力しましょう。

**④持続力をつける**

1つの課題を練習するときに、なるべく止まらずに同じテンポで長い時間叩き続けてみましょう。1日に多くの課題を少しの時間ずつ練習するなら、課題を半分に絞って、1つ1つの練習時間を倍の長さにした方が効果が上がるとも言えます。5分より10分、10分より15分と、長ければ長いほど良いのです。自分ができると思っていることでも、長い時間やっていると思わぬ発見があったりします。例えば「このフレーズはこうやってノッた方が気持ちがいい」とか「ここにアクセントをつけるとフレーズが生きる」などといったふうになります。

また、リズム・キープの練習にも非常に効果があります。普通のポップスの曲は1曲3分から5分くらい。最低これくらいの時間でもリズム・キープをしなければいけないことを考えると、10分や15分くらいは楽にリズム・キープができるように日頃から訓練することが大切です。例えば、時計などを目につく所に置いて、「10分続けるぞ！」などと目標を立てるのも効果的でしょう。

**⑤鏡で自分を知る**

練習はできるだけ鏡の前でやりましょう。これはとても大切なことです。肩に力が入っていないか、スティックはまっすぐ上がっているか、左右のバラツキはないかなど、自分のフォームを1つ1つ客観的にチェックできるからです。また、有名ドラマーのビデオを見て、そのフォームを真似してみたいときにも効果的です。自分の手の動かし方や指の使い方と、どこがどのように違うかといったチェックもできるはずです。

**⑥良い音を出すことがすべての始まり**

ミュージシャンとして当り前のことですが、常に良い音を出すように心がけましょう。いくらフレーズがうまく叩けても、それが良い音色でなければ意味がないです。汚い音を100発叩くよりも、美しい音を1発叩くだけの方が説得力があるのは言うまでもありません。特にドラムは、音量の大きな楽器なので一歩間違えばただの騒音になってしまいます。たとえ叩いているものが練習台でも、うまく叩けばとても良い音が出るのです。練習台はドラムの代用品ではなく、1つの楽器であるという意識を持って練習すると良いでしょう。

**⑦ただ使えばいいっていうもんじゃないメトロノーム**

練習のときは、メトロノームを使うことが鉄則。これはタイム感を養うのにとても良い方法です。しかし、ただメトロノームの音に合わせて叩けばいいというものではありません。理想は自分で正しいビートを出し、メトロノームのビートが結果的にそれに合っているという状態になることです。そのために大切なのは、まず叩く前にメトロノームの音を集中してよく聴くこと。メトロノームのスイッチを入れたら、すぐに叩き出していませんか？　試しに1分間ほどメトロノームの音だけ聴いてみて、身体の中でメトロノームと同じビートを作ってみましょう。カウントを声に出すのも効果的です。そしてそれができたら、メトロノームの音を意識せず、自分の身体に流れるそのビートに合わせて叩いてみましょう。そして、もし自分のビートとメトロノームのビートがずれ始めたときは、メトロノームの音に帳尻を合わさずに潔く叩くのを止め、もう一度最初からやり直す方が良いでしょう。メトロノームに自分が合わせているだけでは、タイム感は決して良くならないものです。

**⑧なぜ練習をするのか目的意識を持つ**

自分は何のためにこの練習をしているのか？　こういう目的意識をしっかり持つことは上達の一歩。手が速く動くようになるためなのか、もっとカッコいいフィルインが叩けるようになるためなのか……。練習の目的をはっきりさせましょう。そしてそれによって練習方法も異なってきますし、練習の中で意識しなければいけないポイントも絞られてきます。ただ漠然と練習していても時間の無駄。今の自分に一番必要な練習は何なのかをよく考えましょう。そして練習の目的と必要性をはっきりさせると、単純な練習も退屈なものではなくなるはずです。

**⑨継続は力なり**

そして最後に、本当にうまくなりたいと真剣に思うのならば、毎日欠かさず練習することが大事です。なかなか難しいことですが、“継続は力なり”という言葉もあるように、ドラムに必要な神経や筋力は、毎日のトレーニングを続けることによって少しずつ身についてくるものなのです。そして、練習を続けることが自分に対する自信にもつながってきます。練習は他でもない自分自身のためにやるもの。どうしても時間のない日でも、せめて10分や15分の時間を見つけてスティックを握る習慣をつけると良いですね。地道な積み重ねが、1ヵ月後、半年後、1年後に大きな差となって現われるはず。がんばってください。

## ■自己上達度のチェック

実際のトレーニングの前に、ここではもう1点大事なことを述べておきたいと思います。練習を積んで、そのことで自分が以前に比べてどれくらい進歩したのかを知るのは、とても大切なこと。なぜなら、それが明日からの意欲や自分への自信につながってくるからです。そのとき、もしもあまり進歩が見られないならば、練習方法を考え直さなくてはいけないかもしれません。貴重な練習時間を、あまり効果的でない練習や、ただの自己満足のために費やしてしまうのはもったいないからです。

### ①自分の弱点を探す

さて上達度のチェックをするためには、まず自分の弱点をよく知ることが大切です。自分のフォームやリズムの取り方などのどこが悪いのかがよくわかっていれば、上達の早道になりますし、上達度のチェックもしやすいはずです。

例えばフォームをチェックする方法としては、前項で述べた鏡を使うのもいいと思います。他の方法としては、例えば手首がしっかり使えているかどうかを試すために、わざと指やひじなどを使わずに手首だけで叩いてみるのも良いでしょう。そして、順番に指・ひじ・肩と1ヵ所ずつ使って叩いて、弱点をチェックしてみましょう。特に指は、中指・薬指・小指と1本ずつチェックするのも効果的でしょう(レギュラー・グリップの場合は、親指・人指し指・中指)。左足でリズム・キープするのがクセになっている人は、しっかりと身体でリズムを感じているかをチェックするために、一旦それを止めて演奏してみるのも良いでしょう。

そのようにして、自分の弱点を探したら、その場所を意識して鍛えるような気持ちで練習に取り組んでいきましょう。

### ②録音して客観的にチェックする

自分の演奏を録音して客観的に聴いてみましょう。自分がきちんと叩けているのかどうかは、演奏中にはなかなか判断しにくいものです。自分ではいい感じで演奏しているつもりでも、後で録音して聴き返してみると「なんじゃこりゃ!」などと思ってしまうこともあるものです。特に練習台の音はごまかしがききません。メトロノームとズレてしまうところや流れが止まってしまうところなど、弱点がよくわかることでしょう。初めのうちは、それを聴き返すのすら辛いものがあります。しかしそれを繰り返しているうちに、次第に自分の求めている理想の音に近づいていくのが実感できて、楽しくなってくるはずです。自分では完成していると思っているフレーズも、ぜひ一度チェックしてみましょう。

**③練習を実戦に生かす**

練習してきたフレーズやルーディメントを応用して、音楽的に演奏できるようになってきたかをチェックするのも大切なこと。一生懸命に練習したテクニックも、練習台の上だけで終わらせてしまってはもったいないものです。テクニックというものは、音楽の中で使ってこそはじめて生きてきます。そして、それでこそ上達したと言えるのです。

パラディドルなどのテクニックを1つ完成させたら、自分でいろいろ応用してみましょう。例えば1つめの音をシンバルやタムに移動してみるとか、左手はハイハット・シンバルを叩いてみるとか、アクセントの位置を変えてみるとか……。それこそ無限に近いバリエーションが考えられるでしょう。ドラム・セットの上で、遊び感覚で構いませんから、いろいろ試してみてください。そして気に入ったものがいくつかできたら、それを繰り返し練習して自分のものにしましょう。

CDなどで他人のフレーズをコピーするときや、教則本のフレーズやパターンを練習するときも同様です。真似をするだけで終わらせずに、必ず応用したフレーズをいくつか作ってみましょう。ハイハット・シンバルのところをタムに変えるなど、自分のアイディアを少し加えるだけで、印象がまったく異なって聴こえたりします。そして実際に、自分のバンドで演奏している曲のフレーズに当てはめてみるなどして、どんどん使ってみると良いでしょう。曲を演奏している中で「自分は練習したおかげで、こんなことができるようになったんだ」と上達を自覚するのが何よりのチェック・ポイント。そして、何よりもそこには大きな喜びがあるものです。

## 2 シングル・ストローク

それではドラムの基本中の基本と言えるシングル・ストローク（1つ打ち）について述べていきましょう。このストロークをマスターすることが、ルーディメントの上達につながってきます。これはドラムを演奏する上で最も使う機会の多い奏法であり、きちんと叩けなければ何をやってもうまくいきません。これからドラムを始めようという人は、まずシングル・ストロークをしっかり身体に叩き込んでください。そして、伸び悩んでいる人やスランプなどで落ち込んでいる人も、再確認してみると良いでしょう。"一打入魂"なんてことをよくいいますが、後で出てくるダブル・ストロークに比べると1打1打に気持ちを込めやすく、感情を表現しやすいストロークといえます。また、力強く美しいシングル・ストロークは、それだけで非常に説得力があり聴く人に強いインパクトを与えます。

### ■たかが4分音符、されど4分音符

ではまず、**譜例4-1**の思いっ切りシンプルな4分音符を叩いてみましょう。たかが4分音符とあなどってはいけません。最初は♩＝50くらいの超スロー・テンポで、肩・ひじ・手首・指のすべてを使って叩きましょう（R＝右手／L＝左手）。すべての基本である4分音符で叩くことは意外に難しく、奥が深いのです。これがきちんとできなくては8分音符や16分音符は叩けません。

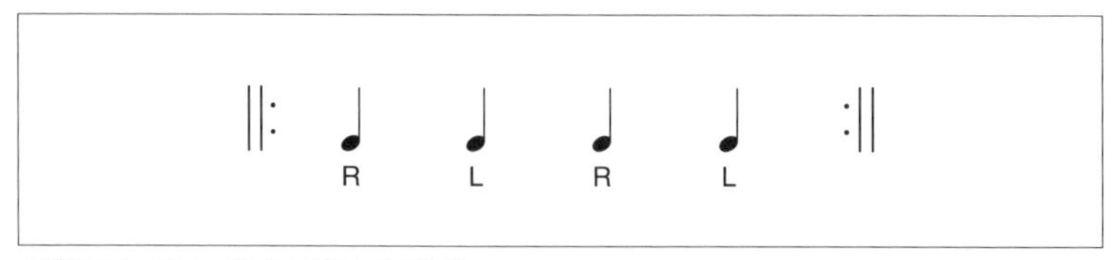


▲譜例4-1　思いっ切りシンプルな4分音符

それでは**図4-2**を見ながら叩き方を詳しく見ていきましょう。

①まず両方のスティックを打面から2cmから3cmの場所で構える。

②右手からゆっくりと、腕全体を使って大きく振り上げる。

③1拍の間をゆっくり動いてきたスティックが打面に当たったら、下から2～3cmのところで止める(ダウン・ストローク)。

④右手が打面に当ると同時に、今度は左手がゆっくりスタートして同じことを繰り返します。要するに片方のスティックは必ず打面から2cmから3cm上のところで止まっていて、もう片方のスティックは1拍の間を常にゆっくりと動いているということです(サッと振り上げて上で止まっていたりしないこと)。

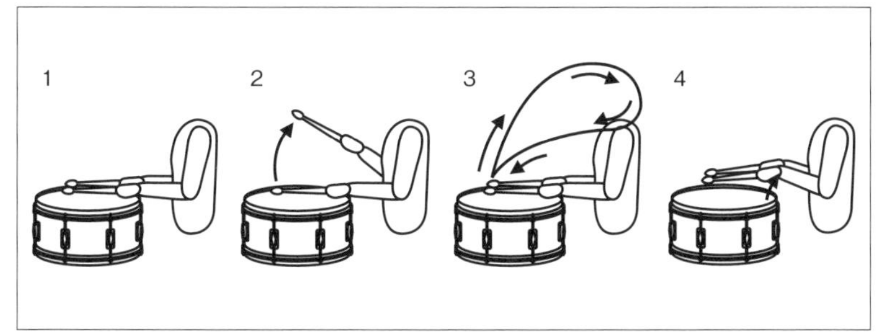


▲図4-2　基本的な叩き方

まず左右のスティックがきちんとまっすぐに上がって、まっすぐに下りてきているか軌道をチェック。スティックの通るコースが、叩くたびに毎回違っていたりしていないでしょうか。特に利き手ではない方の手は要注意。また初心者は斜め外側にスティックを引きがちなので注意しましょう。そして左右のスティックを振り上げる高さも揃えるように。

次に叩き終わったスティックは打面から2cmから3cm上できちんと止まっているかをチェック。よくあるケースが、力んでスティックを打面に押しつけて"ブルブル"と2つ以上の音が鳴ってしまうこと。スティックは軽く弾ませた後に、指を使って軽く抑える感覚です。生玉子などを握っているような感じを思い浮かべてください。

この練習は前項で解説したサブディビジョンを声に出して歌いながら叩きましょう。はじめは8分音符系を歌いながら叩くとうまくいくと思います。それに慣れたら3連系や16分音符系でやってみましょう。参考までに歌い方を何種類か書いておきます(**表4-3**)。

| | | | | |
|---|---|---|---|---|
| **8分系** | 1 and<br>ワン アンド | 2 and<br>ツー アンド | 3 and<br>スリー アンド | 4 and<br>フォー アンド |
| | いち と | にい と | さん と | しい と |
| | タ カ | タ カ | タ カ | チ カ |
| **16分系** | 1 e + d<br>ワン イ エン ダ | 2 e + d<br>ツウ イ エン ダ | 3 e + d<br>スリ イ エン ダ | 4 e + d<br>フォ イ エン ダ |
| | い ち と お | に い と お | さ ん と お | し い と お |
| | タ カ タ カ | タ カ タ カ | タ カ タ カ | タ カ タ カ |
| **3連系** | 1 T T<br>ワン タ タ | 2 T T<br>ツウ タ タ | 3 T T<br>スリ タ タ | 4 T T<br>フォ タ タ |
| | 1 + d<br>ワン エン ダ | 2 + d<br>ツウ エン ダ | 3 + d<br>スリ エン ダ | 4 + d<br>フォ エン ダ |
| | い ち と | に い と | さ ん と | し い と |
| | タ カ タ | タ カ タ | タ カ タ | タ カ タ |

▲表4-3　リズムの歌い方の例

この中から自分のやりやすいものを選んでください。もちろん、自分なりのやり方を考え出してやってもらっても構いません。特に初心者には、1小節の感じをつかむためにも数字をカウントするやり方をおすすめします。

またストロークは4分音符のままで、カウントだけ8分、3連、16分と1小節ずつ変えたりするもの良いでしょう。ここで大切なのは、叩くまでの間にスティックが空中を動いている時間です。そこをしっかりカウントすることによって、結果的に良いポイントにスティックが落とせるわけです。あまり叩く瞬間ばかりに意識が集中しすぎるのもよくありません。音と音のあいだの空間をいかにうまくコントロールするか(意識するか)ということは、ドラムを叩く上でとても大切なこと。これはうまく演奏するためのコツや秘訣のような部分と言えます。

## ■いろいろな音符を叩いてみよう

さて次は、8分音符、3連符、16分音符をそれぞれ叩いてみましょう（**譜例4-4**）。

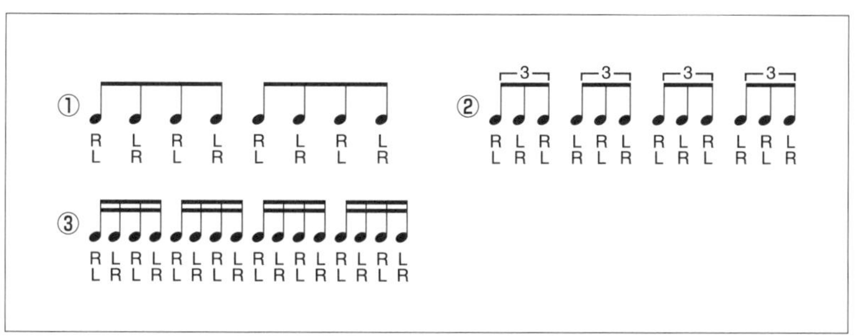


▲譜例4-4　シングル・ストロークで8分音符、3連符、16分音符を叩く

1打ずつ交互に叩いていきます。前項でも述べましたが、こういった具合いに交互に1打ずつ叩くことをオルタネート・スティッキングといいます。これもやはり、ゆっくりとしたテンポから始めて徐々に速くしていくこと。カウント、もしくはフレーズを歌うことも忘れずに。ここまでしっかりできる人は、6連符と32分音符でもやってみましょう（**譜例4-5**）。ここでは、左右のバランスがしっかり揃うように注意。特に右手スタートの3連符などの場合は、2拍目、4拍目のアタマの音に左手がくるので、右の音ばかり強かったりすると、きちんとした3連符に聴こえません。鏡を見てスティックの高さをきちんとチェックしましょう。

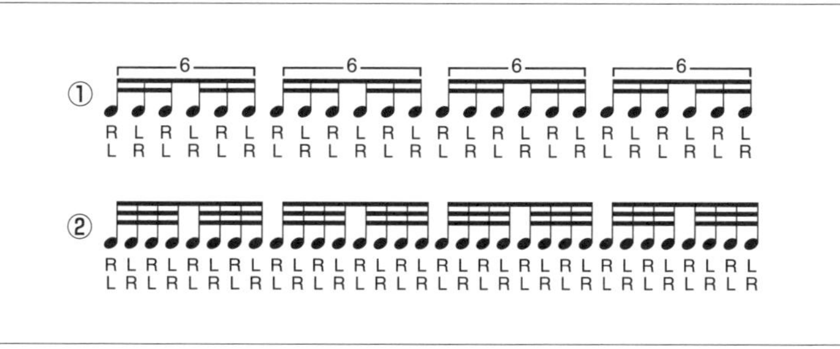


▲譜例4-5　シングル・ストロークで6連符と32分音符を叩く

また16分音符がうまく叩けない人は、**譜例4-6**のようにまず、右手で8分音符を1小節キープしておいて、それを崩さないように1小節ごとに左手を入れてみるという手順を繰り返すと良いでしょう。慣れてきたら16分音符の小節数を増やしていってください。8ビートの曲の中で16分音符のフィルインを入れるとリズムがヨレてしまう、などという人にもこの練習は効果があります。

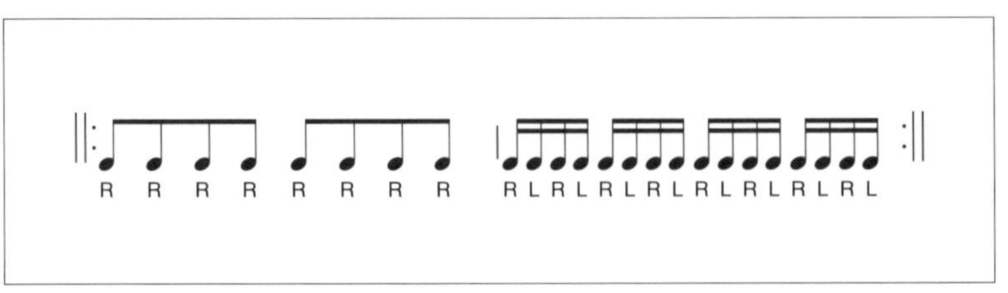


▲譜例4-6　16分音符の練習例

## ■チェンジ・アップ(加速と減速)

さてそれぞれの音符に慣れたら、今度は1小節ずつつなげて練習してみましょう(**譜例4-7**)。このようにある一定のテンポの中で、音符の細かさをいろいろと変えていく練習をチェンジ・アップといいます。

①と②をまず、それぞれゆっくりしたテンポで練習しましょう。それができるようになったら、①と②をつなげて練習してみてください。初心者は4分音符と8分音符の2小節だけを叩くなど、できる範囲のところまでをしっかりやりましょう。そして苦手な部分が見えてきたら、そこだけ特に取り出してみてください。16分音符と3連符の重なる部分などは、特に重点的にやってみましょう。

また2小節ずつ叩いてみたり、音符の順番を入れ変えてみたりと自分なりのアイディアでいろいろと試してみてください。実際に曲を演奏していると、さまざまな種類の音符に臨機応変に対処しなければならないもの。この練習をしておくと、そんなときにも4分音符の位置を見失わなくなり、リズムが安定するでしょう。

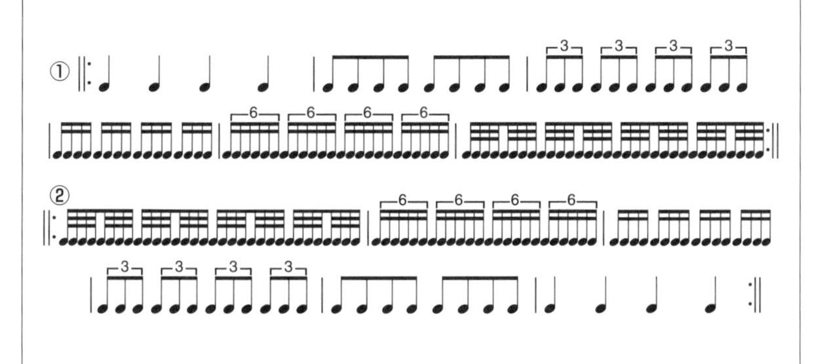


▲譜例4-7 チェンジ・アップの練習例

## 3 シングル・ストローク・ロール

打楽器というものは、基本的に“タン”とか“トン”など、短い音の楽器です。シンバルは、それに比べると長い方ですが、やはり限界があります。そこで登場するのが、ロール奏法です。これは細かい音を連打して、音が伸びているように聴かせる奏法です。よく何かの賞の発表で司会者が“それでは発表します”などと言った後に“ダダダダダダ……”と聴こえてくるのがロールです。

ロールには次の3種類があります。

◎シングル・ストローク・ロール
◎ダブル・ストローク・ロール
} • オープン・ロール：1打1打の音数を把握しながら叩くロール。音がはっきり聴き分けられる。

◎クローズド・ロール：1打1打の音数が明確ではなく、ザーッと聴こえるロール。プレス・ロール、バズ・ロール、マルチプル・バウンスル・ロールとも呼ばれる。

ダブル・ストローク・ロールと、プレス・ロールの2つは解説を次に譲るとして、ここではシングル・ストローク・ロールの解説をしましょう。

## ■シングル・ストローク・ロール

シングル・ストローク・ロールとは、その名の通り1つ打ちのロール。要するに、ひたすら1つ打ちを速く叩いて、音がつながっているように鳴らす奏法です。言うのは簡単で、やるのは大変ですが、目安として♩=180以上で16分音符が叩ければ（♩=120以上で6連符）ロールに聴こえるでしょう。

それでは、**譜例4-8**の①と②を自分なりに楽に3分間程度続けられる速さで叩いてみましょう。慣れてきたら、少しずつテンポを上げていきます。

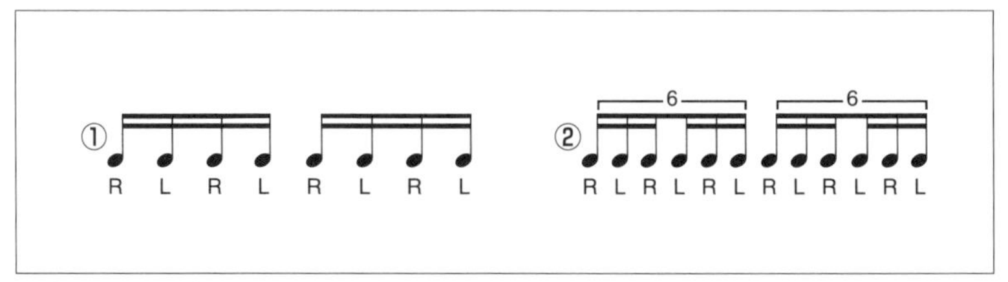


▲譜例4-8　シングル・ストローク・ロール練習例1

また、**譜例4-9**のように片手ずつ練習してから組み合わせてみるのもいいでしょう。

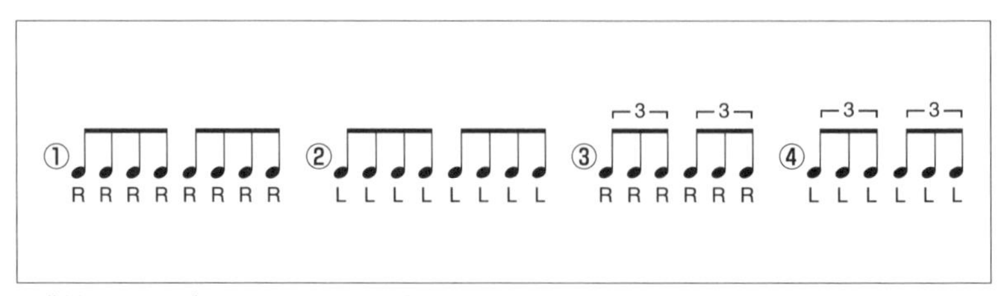


▲譜例4-9　シングル・ストローク・ロール練習例2

さらに**譜例4-8**と**4-9**をつなげる練習も効果的（**譜例4-10**）。徐々にスピード・アップして限界になったらとりあえず手を休めて、テンポはどれくらいまで上がったかチェックしましょう。その時点でまだロールに聴こえる速さまで到達しない人は、次ページを読んで練習してみましょう。

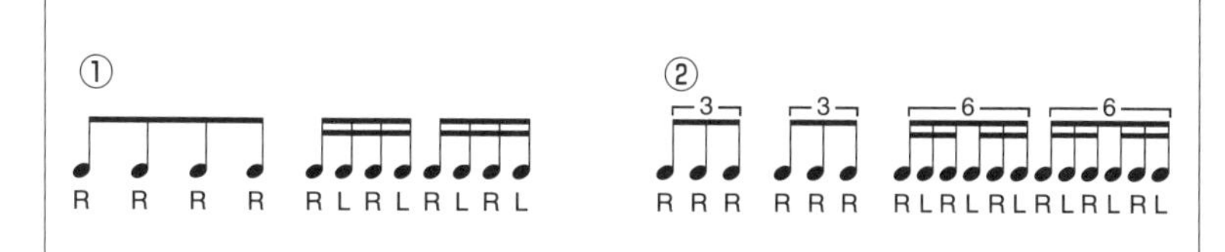


▲譜例4-10 シングル・ストローク・ロール練習例3

**①リバウンドをうまく拾えているか？**

速く叩くためには、力だけではダメ。叩いたときのスティックを、ボールを地面に弾ませたときのように、自然に跳ね返らせてあげることがコツです。そのためには、P86で紹介したリバウンドを利用したフル・ストロークを練習するのも効果的。このとき、手首は力で返さないように。あくまでスティックが跳ね返る力を利用して返すようにします。手首の力を抜いて4分音符でやってみましょう。

これは毎日の練習のウォーム・アップにも適していますが、スティックがまるで何の抵抗もないみたいに弾んで返ってくる感覚がつかめるまで、気長に続けてください。うまく感じがつかめない人は、まず叩いたときに中指、薬指、小指を開放し（ジャンケンのパーの状態）、スティックだけを跳ね返らせて、跳ね返

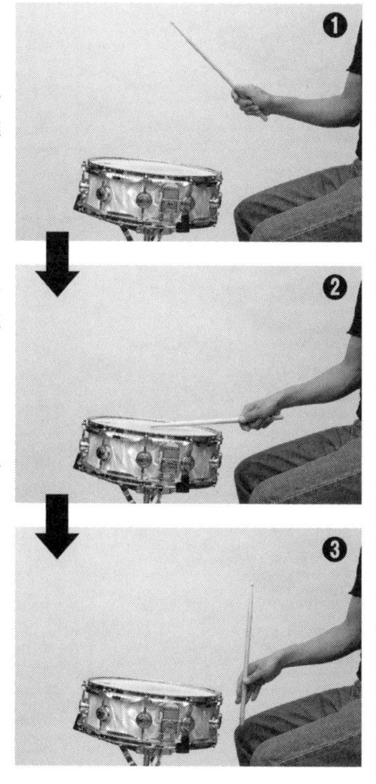

りの感じをつかんでからやってみると良いと思います(写真❶→❷→❸)。これは弾みやすい台の上でやると、なお効果的です。

**②フィンガー・コントロールは使えているか**

速く叩くためにはフィンガー・コントロールがとても大切になります。ただし指でスティックを積極的に動かすというよりも、指でスティックの返りを拾う感覚になります。先に"ボールを地面に弾ませたときのように"と述べましたが、そのときに最後までボールを追いかけて手が地面の近くまでいってしまっては、ボールは弾みません。スティックも同じです。強く握りすぎてスティックの動きを殺さないようにしましょう。

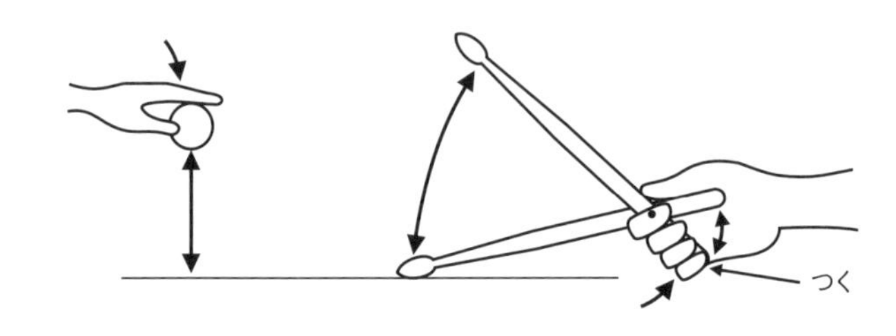


## ■チェンジ・アップ(加速と減速)

最後に、テンポに合わせて叩くのではなく、ゆっくりしたスピードからだんだん加速していき、最高速に達したらしばらくそれを維持して、それからだんだん減速していくという動作を繰り返してみましょう(**譜例4-11**)。加速、減速がスムーズにコントロールできるまで続けて、また左右の音のバランスにも注意。いくら速く叩けても、音のツブにムラがあってはちゃんとしたロールには聴こえません。

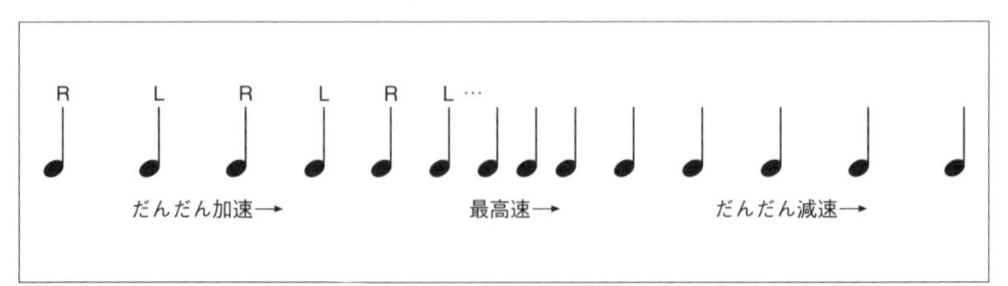


▲譜例4-11　加速と減速の練習

手を速く動かす練習というものは、なかなか辛いものです。しかし、諦めずに毎日コツコツと練習を重ねていけば、必ず少しずつ速くなります。そしてやはり、それが自分自身の自信につながってくるのです。

## 4 ダブル・ストローク〜ダブル・ストローク・ロール

ダブル・ストローク(2つ打ち)とは、その名のとおりRR・LL(右右、左左)と2打ずつ交互に叩くストロークのことをいいます。それを速くしていくとダブル・ストローク・ロールになるわけです。マーチング・バンドなどで聴くことができるロールは、ほとんどがこのダブル・ストローク・ロールで、シングル・ストローク・ロールよりは音のツブ立ちが明確ではないのですが、それによってより音が埋まっている感じ、音が伸びている感じが強調されます。またシングル・ストローク・ロールより速く叩けるというメリットもあります。ルーディメントは、ほとんどがシングル・ストロークとこのダブル・ストロークの組み合わせによってできています。したがってこれから先、ルーディメントを練習していくためには、必ずマスターしなくてはならないテクニックなのです。

非常に難しいものなので、あせらずじっくりと時間をかけて練習してください。でもこれをマスターすれば、自分のプレイの可能性を大きく広げることができます。

### ■ダブル・ストローク

ではまず、**譜例4-12**のフレーズを叩いてみましょう。初めはゆっくりとしたテンポから。スティックはバランス・ポイントを支点にしてください。

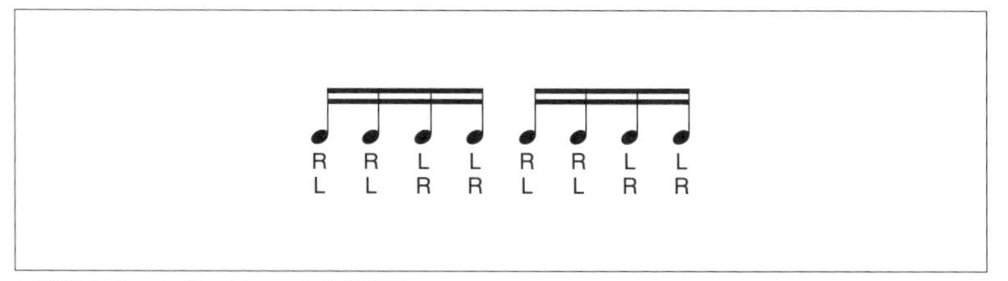


▲譜例4-12　ダブル・ストロークの練習例

①まず右手から腕と手首を使ってスティックを降り下ろす。
②1打目を叩いたら、そのリバウンドを利用してスティックを跳ね返らせる。手首は返さずに、指をゆるめる感覚。
③跳ね返ったスティックを、今度は指を使ってを叩く。これが2打目。左手も同じようにやってみてください。

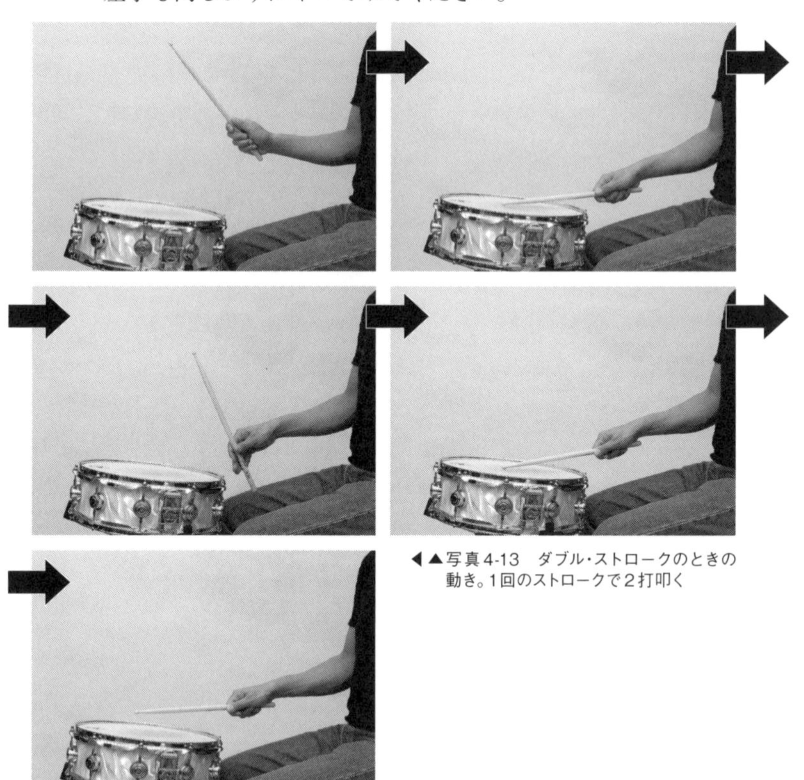

◀▲写真4-13　ダブル・ストロークのときの動き。1回のストロークで2打叩く

つまり、腕／手首の1回の動きで、2打叩くという仕組みです(**写真4-13**)。ゆっくりとしたスピードのときは手首を2回使いますが、ある程度スピード・アップすると、この奏法を使わないと叩けなくなります。

まず、1打目を叩いたスティックのバウンドをいかにうまく利用して返すかがポイント。1打目を叩いたときにスティックをギュッと握ってしまっては、当然スティックは返ってきません。このときはスティックの動きにまかせて指を適度に“開放”してあげるのがベター。人差し指と親指は支点となるので、そこまでは開放しないように。

そして次に2打目ですが、このときは、逆にはね上がってくるスティックのグリップの方を中指、薬指、小指にタイミングよく当て、そのリバウンドをも利用して握るという感じです(レギュラー・グリップの人は人指し指と中指)。このとき、2打目の方に少しアクセントをつける気持ちで叩くとバランスが良くなるでしょう。2打目の指をうまく使えず、1打目の反動だけで2打目を叩いている人をよく見かけますが、それではきれいに音のツブが揃いません。ゆっくりと確実に練習してから少しずつ速くしていきましょう。そして速くなるにつれてモーションも腕全体から手首、指へと移っていきます。

## ■ダブル・ストローク・ロール

これまでのダブル・ストロークの手順ができるようになった人は、**譜例4-14**を練習しましょう。

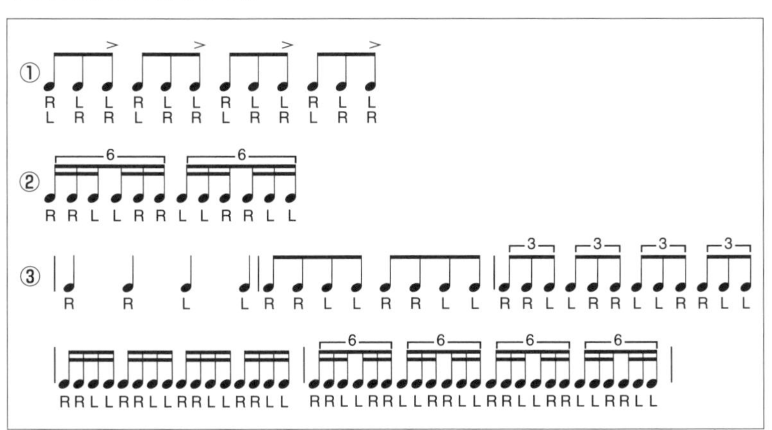


▲譜例4-14 ダブル・ストローク・ロールの練習バリエーション

①はダブルの2打目にアクセントがくるので、音のツブを揃える練習に効果的。
②はダブルを6連符に当てはめてたもの。
③はダブル・ストロークのチェンジ・アップ。

ある程度叩ける人がさらにスピードをつける練習としては、**譜例4-15**がおすすめです。これは16分音符のシングル・ストロークと32分音符のダブル・ストロークのコンビネーション。正確にダブル・ストロークのできる限界の速さで練習すると効果的です。32分音符のダブルで苦しんで、16分音符でリラックスするという手順の繰り返し。④が一番速いテンポでできるはずです。①、②、③、④とつなげた練習もしてみましょう。またダブル・ストロークは、腕／手首の1ストロークにつき2打を叩くので、16分音符も32分音符も腕／手首の動きは同じになるはずです。

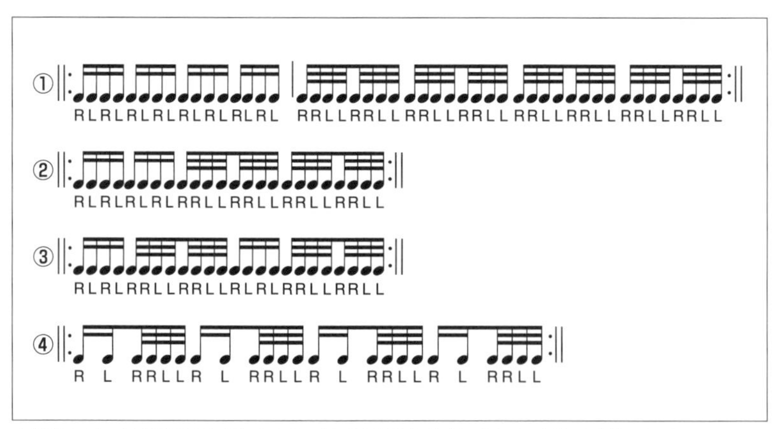


▲譜例4-15　16分音符シングル・ストロークと32分音符ダブル・ストロークのコンビネーション

## ■チェンジ・アップ（加速と減速）

最後はシングル・ストロークの場合と同じように、ゆっくりした速さから次第に加速していき、最高速をしばらく維持して、徐々にもとの速さに戻す練習です（**譜例4-16**）。これもスムーズに加速と減速ができるようにしてください。また苦手な速さを見つけたら、そこだけ集中的に練習してみましょう。

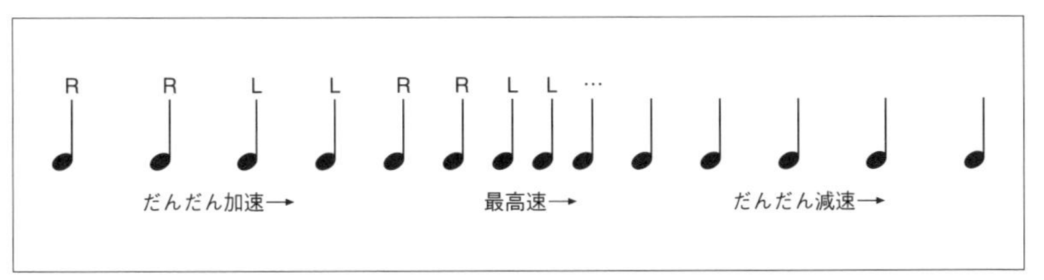

▲譜例4-16 加速と減速の練習

ちなみに、私の場合はこの練習のとき時計を使い、1分間のサイクルで繰り返します。まず最高速を維持する時間を15秒と決めてしまうのがコツ。そして残りの45秒を加速と減速に使います。その1分間を1セットとして止まらずに15分なり30分なり、さらには1時間なりとダブル・ストロークに没頭する時間を過ごすわけです。これはハードな練習ですが、その分とても効果があります(リラックスできる45秒がポイント)。

## 5 ショート・ロール

では、次にダブル・ストロークを使って、短いロールを叩いてみましょう。

### ■5ストローク・ロール

この5ストローク・ロールは、ショート・ロール系の中でも一番短く、ドラム・セットにも応用してよく使われます。まずは、ゆっくりと**譜例4-17**のように、16分音符で練習しましょう。

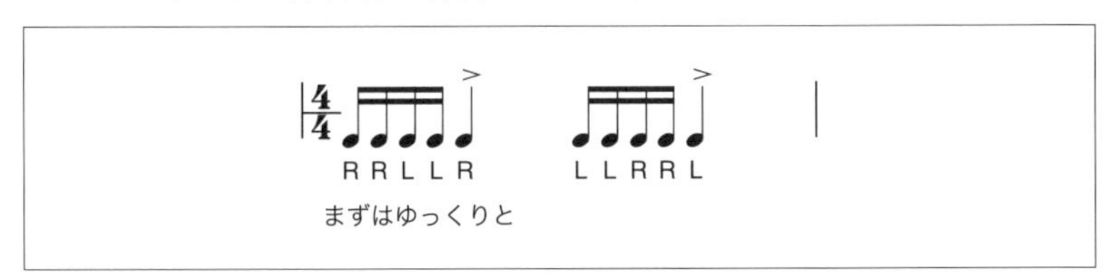

▲譜例4-17 5ストローク・ロールの基本

慣れてきたら、**譜例4-18**のように32分音符にあてはめてみましょう。まず**譜例4-18**の③のフレーズを叩き、その手の動きのままでアクセント以外の音符をダブル・ストロークに置き換えると、リズムをつかみやすいです。これはこのショート・ロールのすべてに言えることなので覚えておきましょう。また、アクセントをしっかりつけることがきれいに聴かせるポイントです。アクセントを叩く手は、その1つ前の音符を叩き終わると同時に素早くアップ・ストロークで、高く上げられるように練習しておきましょう。

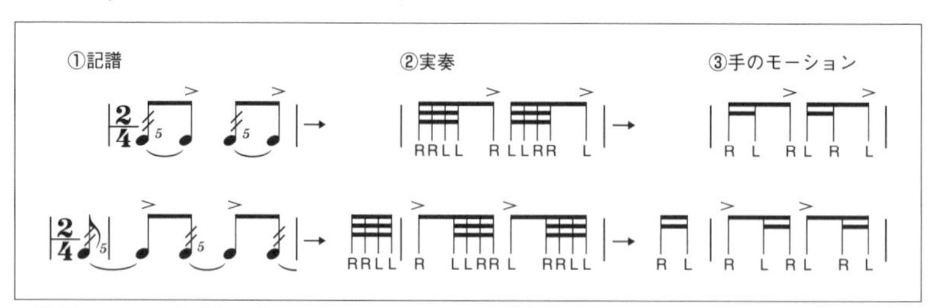


▲譜例4-18　32分音符に当てはめた5ストローク・ロール

## ■7ストローク・ロール

5ストローク・ロールと同様に、この7ストローク・ロールもドラム・セットの上でよく応用されます。まずはゆっくりと6連に当てはめて練習します。

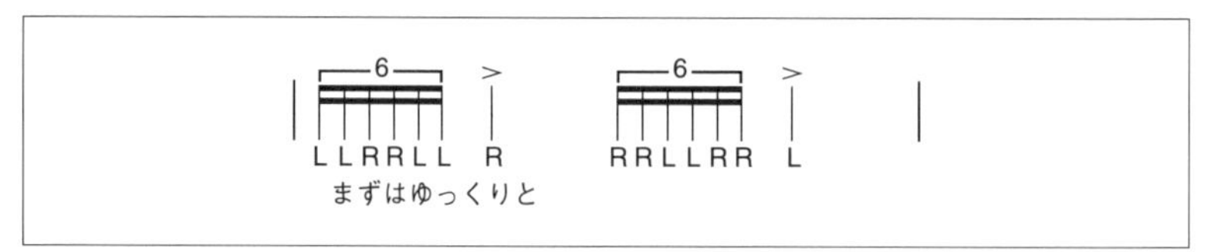


▲譜例4-19　7ストローク・ロールの基本

慣れてきたら、8分音符の間にロールを入れてみます。**譜例4-20**の③のようなフレーズを叩くときと同じ動きのまま、3連のところをダブル・ストロークにするとリズムがつかみやすいはずです。

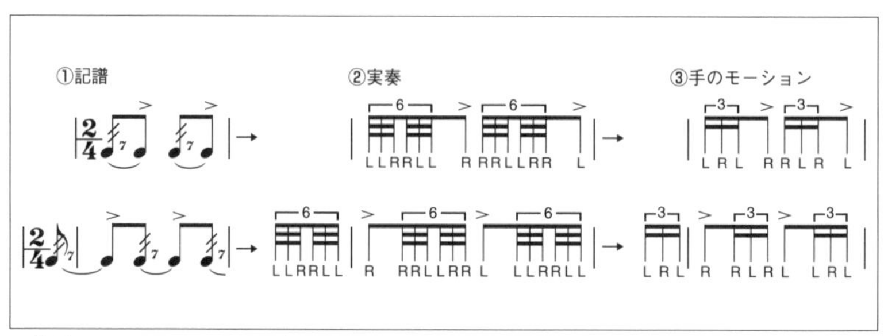


▲譜例4-20　3連のところをダブル・ストロークにするとリズムがつかみやすい

また、**譜例4-21**のように32分音符にあてはめた7ストローク・ロールもよくドラム・セットでフィルインなどに応用されます。

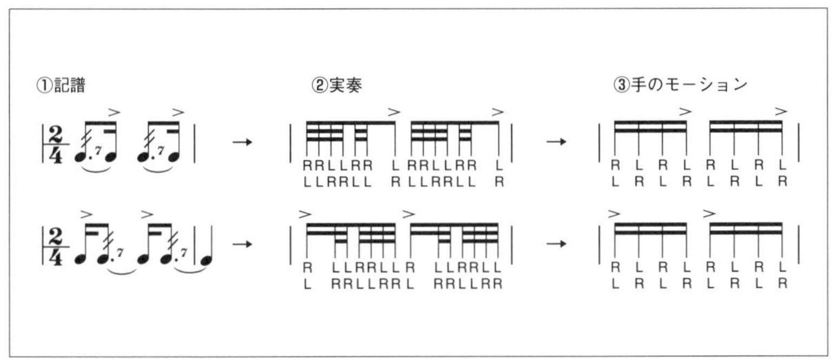

▲譜例4-21　32分音符に当てはめた7ストローク・ロール

## ■その他のショート・ロール

ここまでで紹介してきたものの他に、以下のようなストロークのロールもあります。**譜例4-22～4-27**を見て練習してみてください。

### 1　9ストローク・ロール

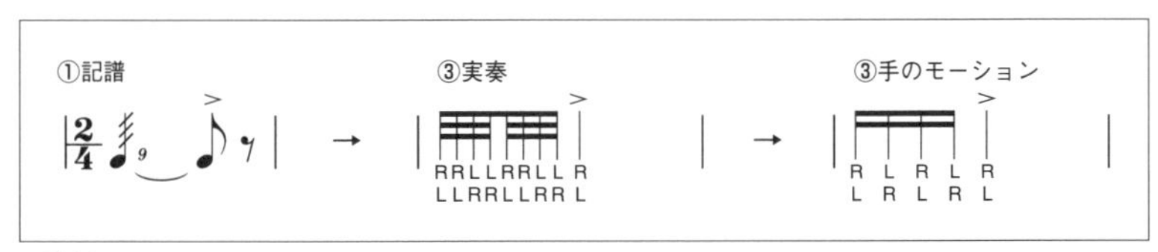

▲譜例4-22　9ストローク・ロール

### 2　10ストローク・ロール

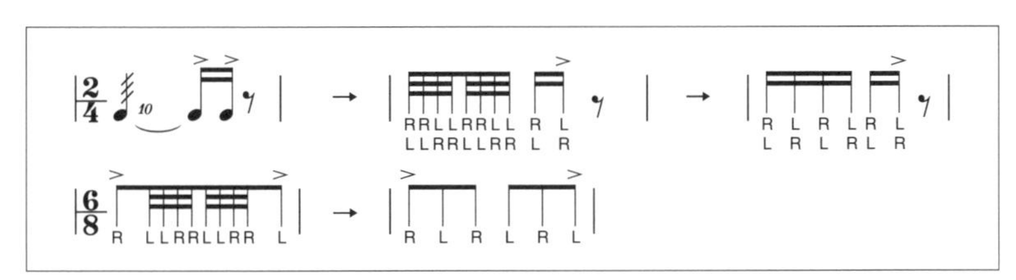

▲譜例4-23　10ストローク・ロール

## 3 11ストローク・ロール

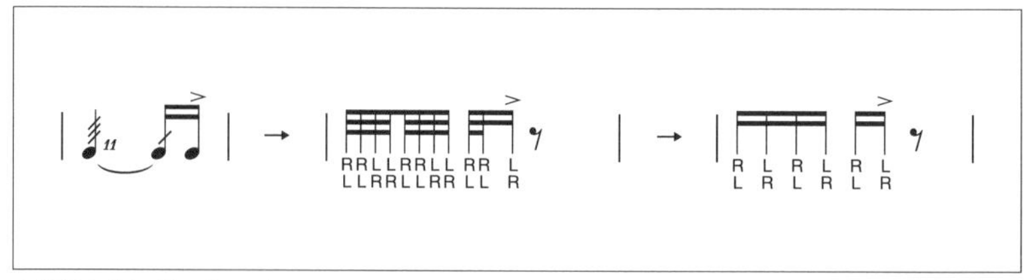


▲譜例4-24　11ストローク・ロール

## 4 13ストローク・ロール

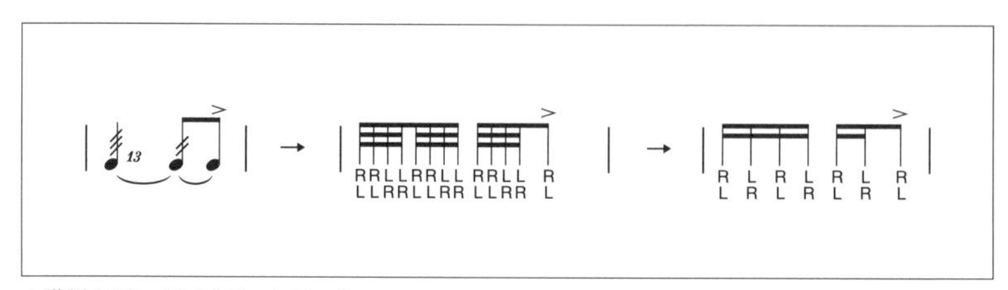


▲譜例4-25　13ストローク・ロール

## 5 15ストローク・ロール

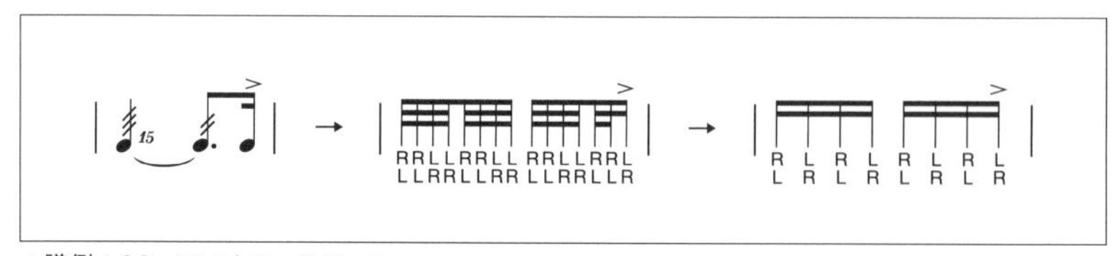


▲譜例4-26　15ストローク・ロール

## 6 6ストローク・ロール

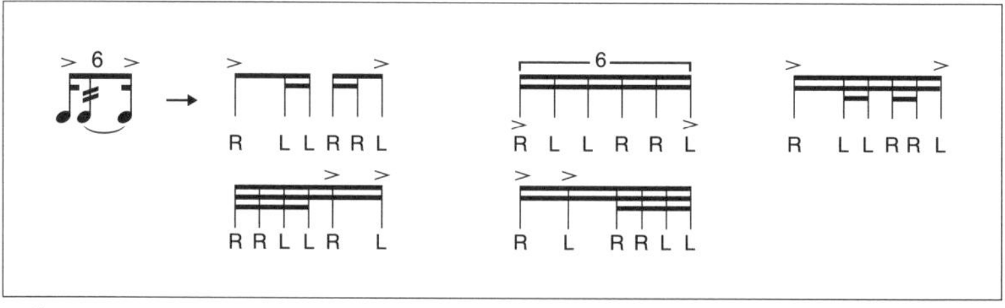


▲譜例4-27　6ストローク・ロール　この6ストローク・ロールは、ドラム・セットにとても応用しやすい

## ■クローズド・ロール

プレス・ロール、バズ・ロールとも呼ばれているロールで、スティックをヘッドの上で転がして音をつなげていくロールです。したがって、片手で何打叩いているかということは意識しません。シングル・ストロークやダブル・ストロークよりも音量的には小さいのですが、“ザー”という、音がつながっている感じがあります。このロールは以下のように行ないます。

①まず、スティックをバランス・ポイントで人差し指と親指で軽くつまみます。他の指のスティックから少し離して構えます。
②右手のスティックをヘッドに転がし“ダラララ”と数回バウンドさせます(3打以上)。
③右手の音が消えないうちに左手のスティックを同じように転がします。
④それを繰り返して音をつなげていきます。

はじめはヘッドのリム寄りの位置を使って練習するとバウンドしやすいので感覚がつかみやすいでしょう。また、図のようにスティックを外側から内側にまわしながら転がすと、バウンドしやすく音のつながりが良くなります。手の動きに合わせてアクセントがついてしまわないように一定の音量でつながって聴こえるように練習しましょう。

そして音量にクレッシェンドのような変化をつけたいときは、ヘッドのリム寄りの位置から真ん中へスティックを移動させます(デクレッシェンドならば逆にする)。

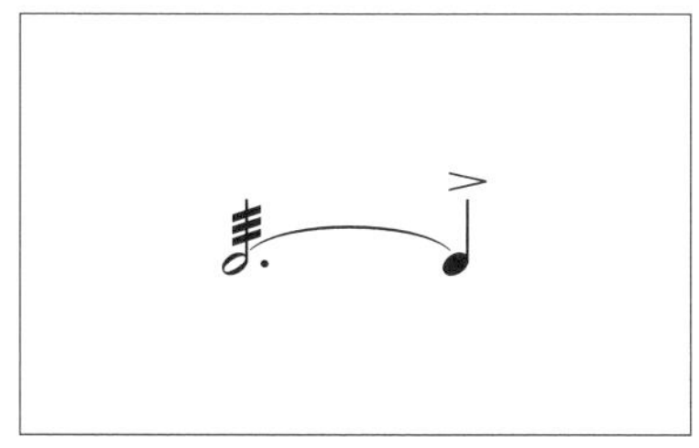

▲譜面4-28 クローズド・ロールの記譜

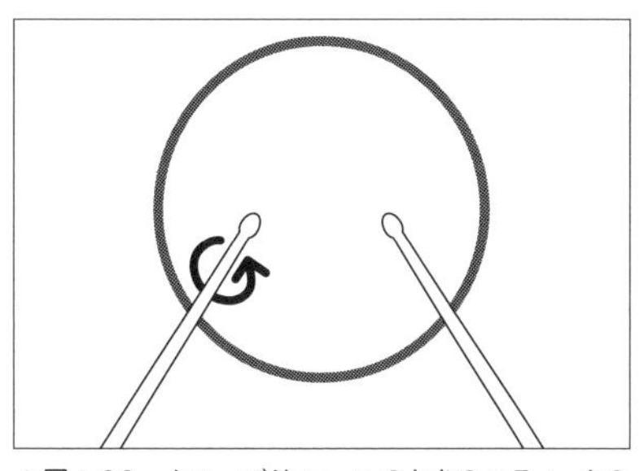

▲図4-29 クローズド・ロールのときのスティックの転がし方

# 6 パラディドル

シングル・ストロークとダブル・ストロークを組み合わせたもので、よく使われるルーディメンツの一種です。パラがシングル・ストローク、ディドルがダブル・ストロークを意味しており、“パラディドル”と口づさみながら練習することにより、身体に手順をしみ込ませやすいです。

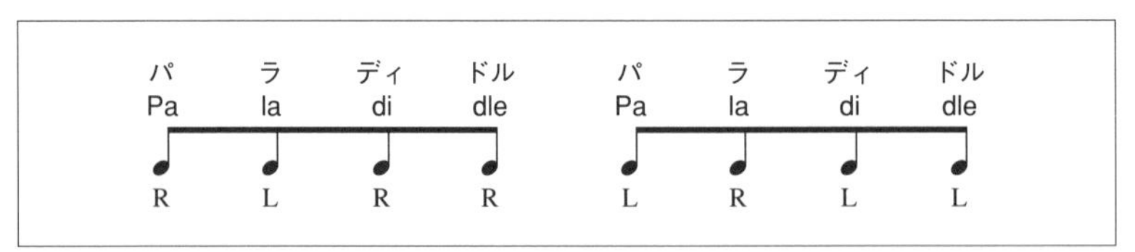


▲譜例4-30　パラディドルを身体にしみ込ませる練習

## ■シングル・パラディドル

シングル・ストロークとダブル・ストロークを**譜例4-31**のように組み合わせたのがシングル・パラディドルです。譜例のうち①が基本形で、②～④はスタート・ポイントをずらした応用形です。とても重要なルーディメンツなので1つずつアクセントを意識して練習しましょう（特にアップ・ストロークをしっかり）。それができたら4つを順番に1小節ずつ通して叩いてみましょう。また、手順を変えずにアクセントの位置だけを移動するのも良い練習になります。

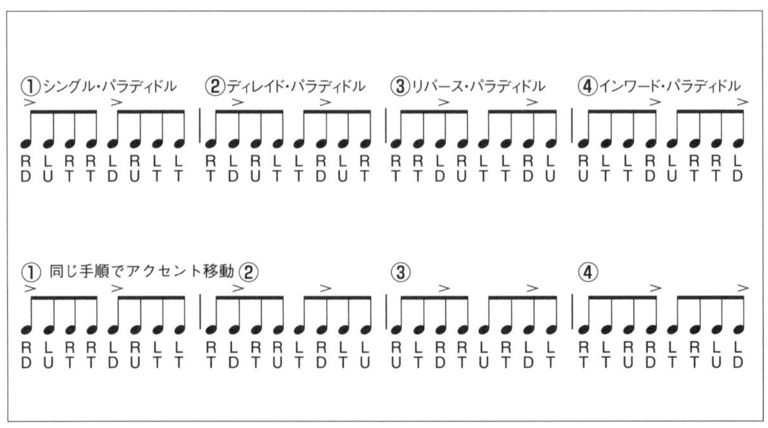


▲譜例4-31　シングル・パラディドル。応用形にも名前がついている

## ■ダブル・パラディドル

シングル・パラディドルの最初にシングル・ストロークを2つ足したものです(**譜例4-32**)。これも応用範囲の広い、重要なルーディメントです。

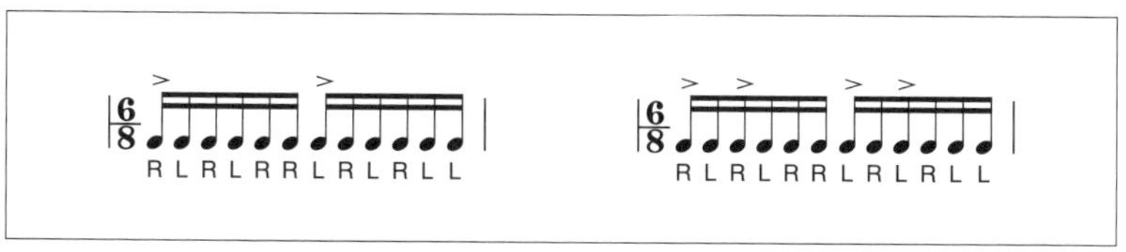


▲譜例4-32 ダブル・パラディドル

## ■パラディドル・ディドル

パラディドルの後にダブル・ストローク(ディドル)を加えたのがパラディドル・ディドルです(**譜例4-33**)。1くくりごとに左右の手順が入れ替わることなく、必ず1打目が同じ手からスタートするため、ドラム・セットに応用しやすいです。

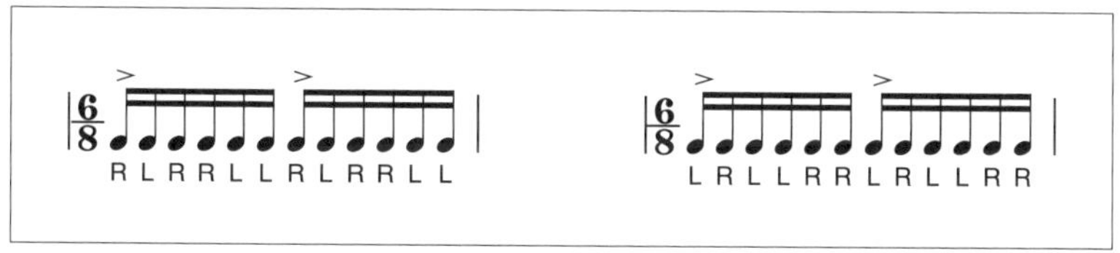


▲譜例4-33 パラディドル・ディドル

## ■ルーディメントの組み合わせ

それでは、今までのルーディメントを組み合わせた効果的な練習法をいくつか紹介しましょう(**譜例4-34**)。

①譜面を見るとわかるように、4つ→3つ→2つ→1つ、と1ずつ(一方の手が叩く)ストロークの数が減っていきます。手の感覚を鍛えるのにとても良い練習法です。

②ダブル・パラディドル2つと、シングル・パラディドルを組み合わせた練習です。1拍半フレーズになっています。

③シングル・パラディドルを3連に当てはめた練習です。

④5ストローク・ロールとパラディドルを組み合わせた練習です。

⑤16分音符や6連符を、それぞれ手順を変えながら叩きます。6連符の最後はダブル・パラディドルで、リピートするたびに手順が変わるようになっています。

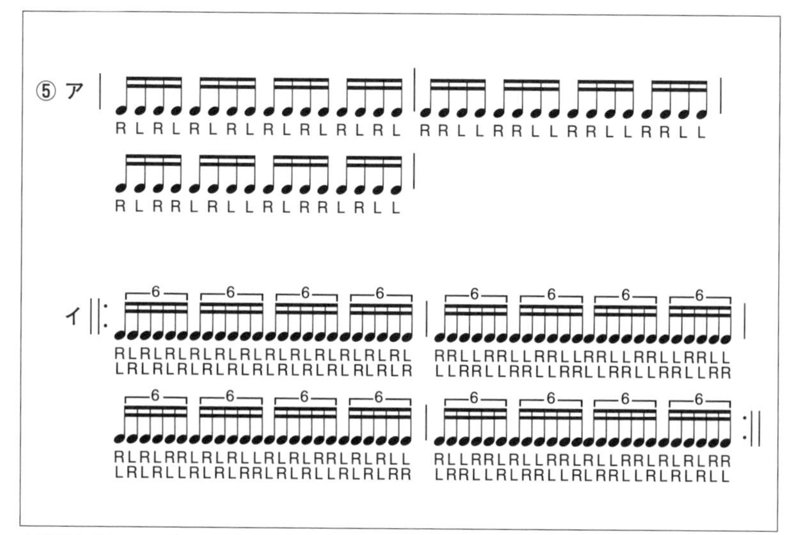

▲譜例4-34　ルーディメントを組み合わせた練習例

## 7 フラムとラフ

では装飾音符(前打音)のついたパターンをやっていきましょう。

### ■フラム系

フラムとは、本音符の前に1つ装飾音符を叩く奏法です。装飾音符はロー・ポジションから構えてアップ・ストロークで叩き、本音符はハイ・ポジションからダウン・ストロークで叩きます。したがって、叩くたびに左右の手のポジションが入れ替わります(**譜例4-35**)。

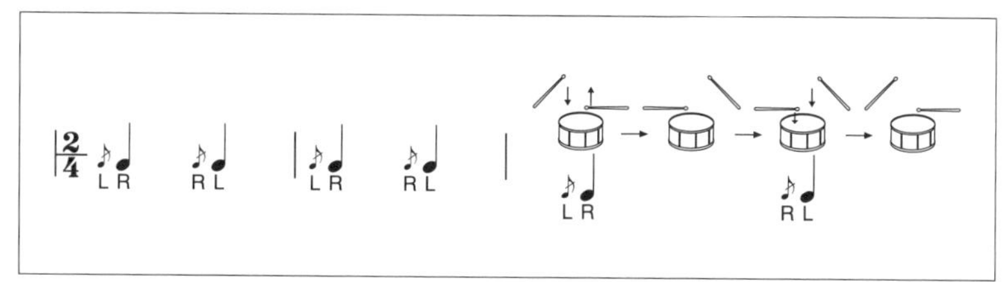

▲譜例4-35　フラムの叩き方

右手はダウン・アップ、左手はアップ・ダウンの組み合わせとなります。装飾音符と本音符との間隔が左右とも同じになるように叩くことが大切です。

では、フラムのバリエーションを見ていきましょう。

### 1.フラム・タップ

ダブル・ストロークにフラムをつけたもの（**譜例4-36**）。手は左右それぞれダウン／タップ／アップと3つのストロークを連続して叩くことになります。

▲譜例4-36　フラム・タップ

### 2.フラム・アクセント

3連符にフラムをつけます。これも片手で3連打スムーズに叩くことがポイントです（**譜例4-37**）。バリエーションとしてフラムの位置を移動してみたものも練習しましょう。

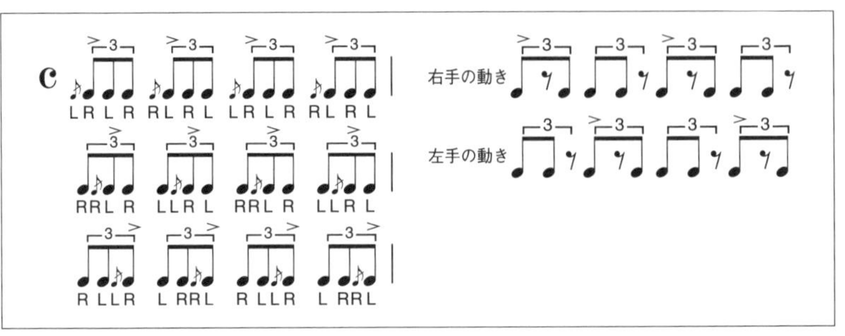


▲譜例4-37　フラム・アクセント

### 3.フラム・パラディドル

パラディドルにフラムをつけます（**譜例4-38**）。片手で4つ連続して叩く奏法なので、良いトレーニングにもなります。

▲譜例4-38 フラム・パラディドル

## 4.フラマキュー

フラムの直後の16分音符の2つ目の音にアクセントをつけます(**譜例4-39**)。アクセントをつけるために、装飾音符を叩いた手をアップ・ストロークで素早くハイ・ポジションに持ってくる必要が出てきます。アップ・ストロークとダウン・ストロークのトレーニングにも最適です。

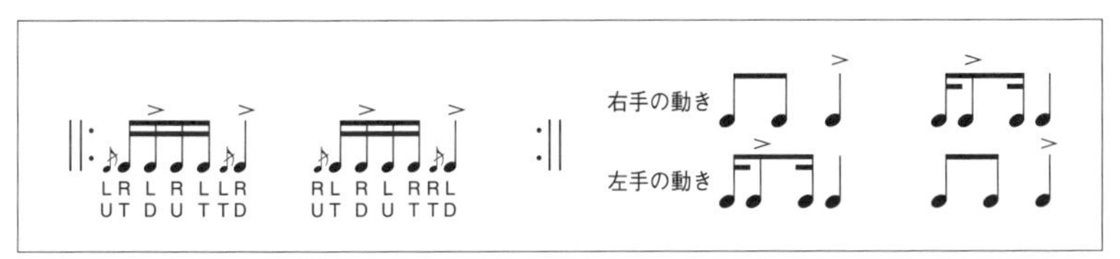


▲譜例4-39 フラマキュー

## 5.スイス・トリプレット

これはスイス・アーミーのルーディメントです(**譜例4-40**)。ダブル・ストロークの組み合わせなので、前項のフラム・アクセントよりも速いテンポで叩けるというメリットがあります。そのためドラム・セットでも応用されやすいルーディメントです。

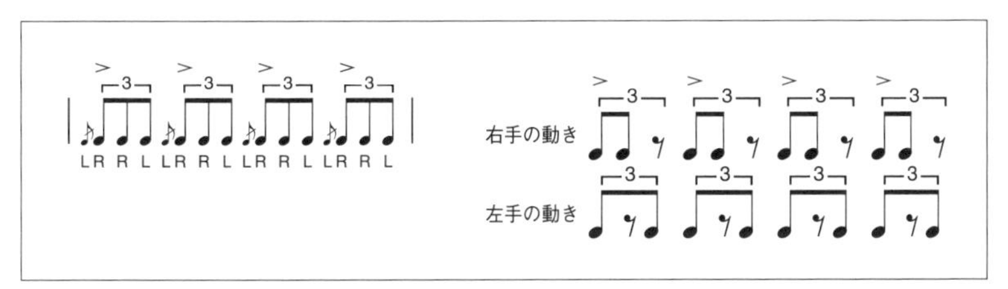


▲譜例4-40 スイス・トリプレット

### 6.フラムを組み合わせたトレーニング

フラムの最後に、ここまでで紹介したフラムを組み合わせたトレーニングを紹介しましょう(**譜例4-41**)。

①16分音符にフラムをつけます。

②フラム・アクセントと3連符に当てはめたフラム・タップを1小節ずつ繰り返します。

③フラム・アクセントとスイス・トリプレットをそれぞれ16分音符に当てはめます。

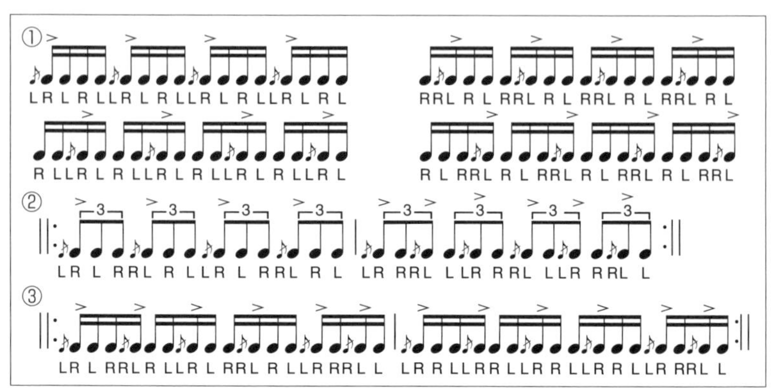


▲譜例4-41　フラムを組み合わせたトレーニング

## ■ラフ(ドラッグ)系

本音符の前に装飾音符を2つ叩くものをラフまたはドラッグと呼びます。まずは本音符を8分音符、装飾音符を16分音符で練習しましょう(**譜例4-42**)。慣れてきたら、装飾音符を本音符に近づけて、32分音符で叩けるようにしましょう。手の動きは、フラムのときと同様。叩くたびに左右の手のポジションが入れ替わります。

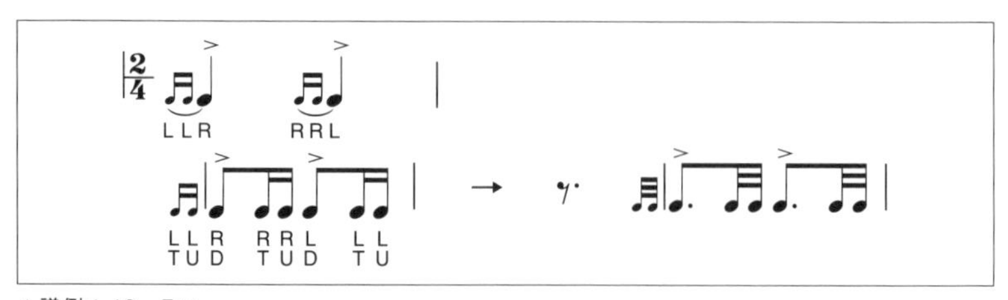


▲譜例4-42　ラフ

### 1.4ストローク・ラフ

本音符の前に装飾音符を3つつけます(**譜例4-43**)。最初は装飾音符を16分音符の3連符と解釈して練習するとタイミングをつかみやすいでしょう。装飾音符を小さく叩いて本音符との差をはっきりさせることが大切です。

▲譜例4-43 フォー・ストローク・ラフ

### 2.シングル・ドラッグ

ポイントは、装飾音符を叩いたら素早くアップ・ストロークして、次のアクセントを叩くところです(**譜例4-44**)。はじめは装飾音符のところをシングル・ストロークに置き換えてタイミングをつかんでから、32分音符のダブル・ストロークにするとわかりやすいでしょう。

▲譜例4-44 シングル・ドラッグ

### 3.ダブル・ドラッグ

**譜例4-45**はダブル・ドラッグです。シングル・ドラッグと同じ要領で感触をつかんでください。

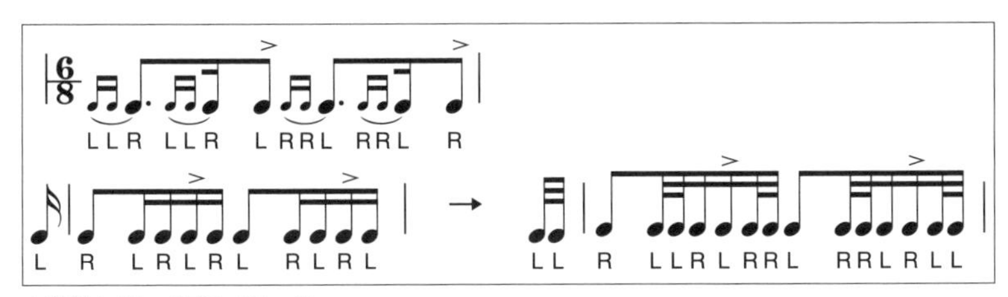


▲譜例4-45 ダブル・ドラッグ

### 4. ドラック・パラディドルNo.1

ダブル・パラディドルの2打目をドラッグにしたというように解釈するとわかりやすいでしょう。

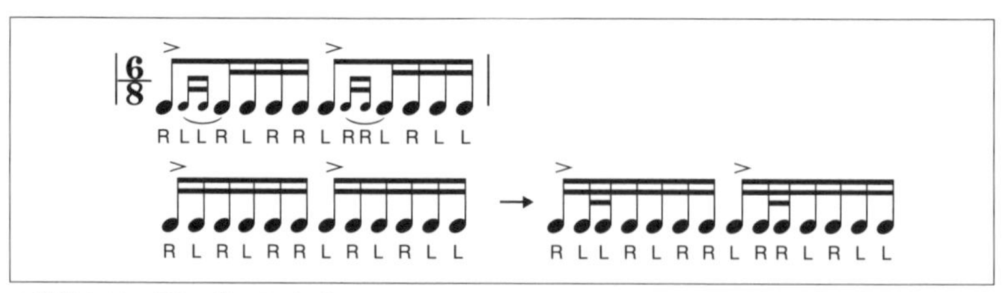


▲譜例4-46　ドラッグ・パラディドル　NO.1

### 5. ドラッグ・パラディドルNo.2

ドラッグ・パラディドルNo.1にドラッグと8分音符を1つずつ加えた音型です。4拍にはまっているので使いやすいルーディメントです。

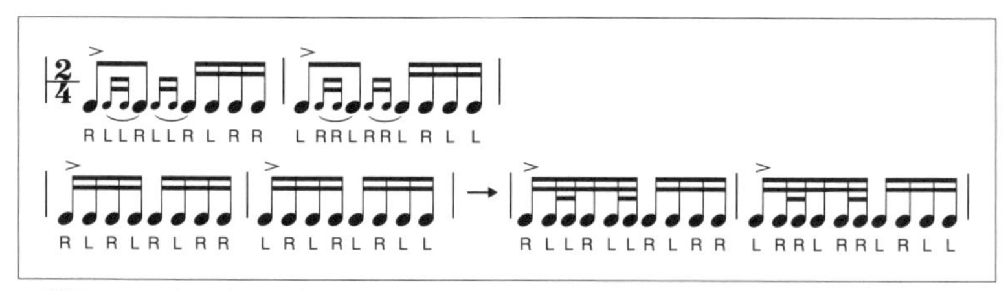


▲譜例4-47　ドラッグ・パラディドル　NO.2

### 6. レッスン25（ラタタップ）

16分音符を連打するときの1ヵ所をドラッグに変えるだけでバリエーションができ、ドラム・セットによく応用されるルーディメントの1つです（**譜例4-48**）。

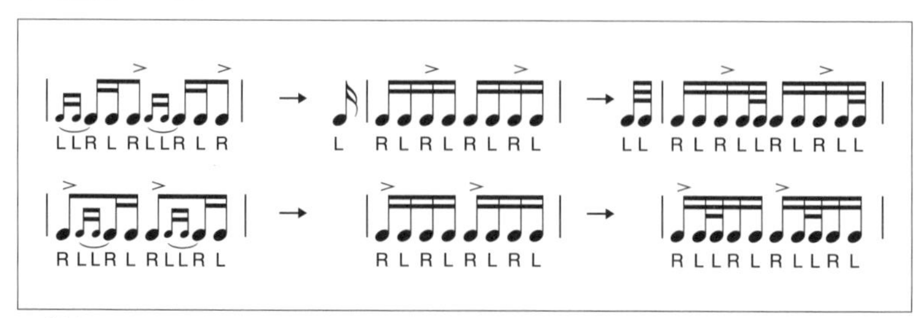


▲譜例4-48　レッスン25

## 7.ラタマキュー

3連の前に装飾音符がついたもの（**譜例4-49**）。3連符の1つ目にアクセントがついてしまわないように注意しましょう。また、最後の音にアクセントをつけるために3連符の2打目を素早くアップ・ストロークしてハイ・ポジションに持っていきましょう。

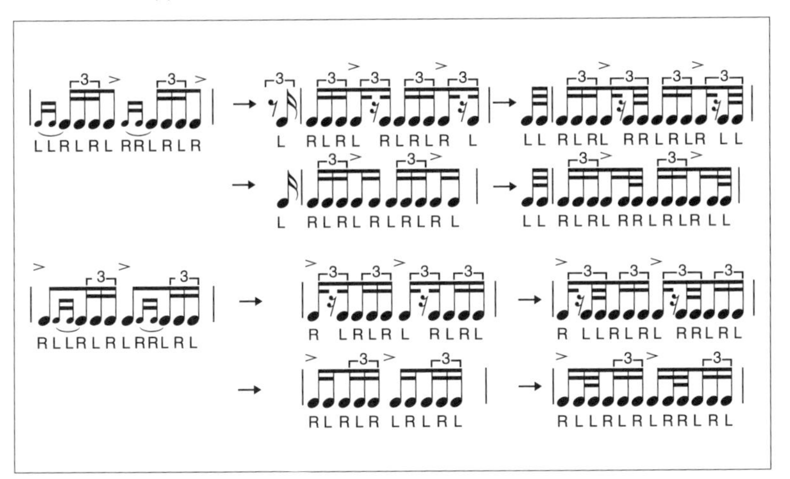


▲譜例4-49　ラタマキュー

## 8.ダブル・ラタマキュー

シングル・ラタマキューにドラッグを1打加えた音型です。

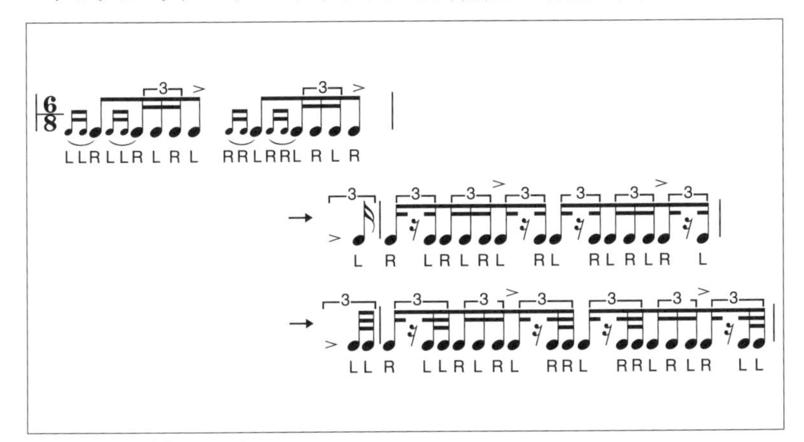


▲譜例4-50　ダブル・ラタマキュー

## 9.トリプル・ラタマキュー

ダブル・ラタマキューに1打ドラッグを加えた音型です。

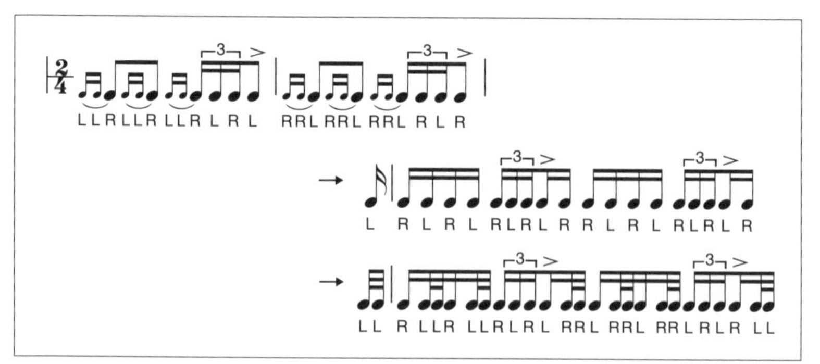


▲譜例4-51　トリプル・ラタマキュー

フラムやラフなどの装飾音符を叩くタイミングはプレイヤーのフィーリングや曲のテンポなどによってさまざまに変化します。装飾音符を本音符に近づけたり、離したり、または同時に叩いたりといろいろなパターンで練習することをお薦めします。ロック系のフィルインの中でフラムを使うときは、装飾音符も本音符と同じくらいの高さから強く叩かれることが多いので、参考にしてください。

ラフ系の装飾音符は32分音符で解釈して演奏することを基本としますが、もっと細かくして本音符に近づけたり、バズ・ロールのように転がしてツブ立ちを出さずに叩いたりと、いろいろなニュアンスで試してみるのも良いでしょう。

ここで取りあげたものの他にもルーディメントはたくさんの種類があります。専門書も数多く出ているので、それらを利用するのもいいでしょう。本書で解説したテクニックを応用すれば、すべて叩けると思います。

# 第5章

# リズムを鍛えるトレーニング

身体がグルーヴしていなくちゃ、グルーヴしたリズムは叩けない。ここでは全身を使ってリズムを心地良くコントロールする術を習得しよう。注意してみれば、日々の生活の中にもトレーニングに使えるネタがいろいろと転がっているはずだ。

## 1 リズム感とは

少し難しい言い回しをすれば“時間の中で、ある一定の秩序をもって動きや形態が変化し、それに繰り返しが感じられること”。これをリズムといいます。私達の周囲には音楽以外でもたくさんのリズムが溢れています。例えば心臓の鼓動、呼吸、言葉、歩く、走るなど自分の身体のリズム。あるいは星の動き、夜と昼、潮の満引き、月の満ち欠け、春夏秋冬、虫の鳴き声などの自然の現象。挙げるとキリがありません。

よく“私はリズム感がない”などという人がいます。しかし、そのような人も無意識のうちに呼吸をしたり、歩いたりといったリズミカルな行動をしています。また毎朝決まった時間に起きる習慣がついていると、休みの日でも目覚まし時計なしで、同じ時間に目が覚めたりします。これも体内時計が1日のリズムを感じているからです。

要するに誰の生活の中にもリズムがあります。そしてそれをどのように感じるかということがリズム感なのです。またそれは、文化や民族によっても感じ方が変わってくるものだと言えるでしょう。

### ■“日本人のリズム感”を理解する

よく“黒人のミュージシャンはリズム感が良い、ノリが良い”という話を耳にします。しかし、これは単にリズムの感じ方が日本人とは異なっているということで、決して私達のリズム感が悪いのではありません。仮に世界中で演歌が流行して、ディスコやクラブなどでも演歌で踊るような時代が来たとしたら、この立場は逆転することでしょう(実際に演歌のリズムはとても深いものです)。しかし、近い将来そんな時代が来るという保証はありませんし、ドラムを始める人の大部分は、ロックやファンク、ジャズなど欧米で生まれた音楽の演奏を志す人がほとんどだと思います。そのためには日本人の伝統的なリズム感とは、どのようなものかをよく理解してから相手を知ることも大切です。

日本人のリズム感は、我々が元来農耕民族であったという事実と深く関係しているという説があります。農耕民族は、地面にしっかり足をつけてクワやスキなどの農具で畑を耕したり、前かがみの姿勢で田植えをするなどというリズムを、労働や生産の中で体験しています。仮にあなたがクワで畑を耕しているとします。するとあなたの口からは、“ヨイショ、ヨイショ”などという掛け声が自然に発せられるはずです。また、もし仕事をしながら鼻唄を歌うとすれば、この“ヨイショ、ヨイショ”というリズム・パターンに合ったメロディしか歌いようがないでしょう。

このリズムの意識は、拍のアタマであるダウン・ビートに集中しています。1打を打ち終わったら次のダウン・ビートに向かって、自分の力でクワを持ち上げるわけです。そこには、地面のバウンドを利用して、弾むようにウラ拍のオフ・ビートを感じることもなければ、軽快に足のステップを踏むこともありません。

私達の周りを見回してみると、このようなリズムが実にたくさんあることを発見します。例えば、餅つき、小さい頃に女の子が遊んでいたお手玉、また最近はあまり見かけなくなりましたが、宴会におけるお父さん達のモミ手ビート、そして相撲の力士が踏む四股などです。横綱が土俵入りのときに足を高々と上げて踏む四股には、日本の伝統文化の美しさと力強さを強く感じますが、このときには満員のお客さんから先ほども出た“ヨイショ”という掛け声がかかります。

それに対して、アフリカの原住民やヨーロッパの牧畜民は2本の足で大地を蹴って、その反動のエネルギーで歩いたり、走ったりして生活してきました。そのため、スポーツやダンスも軽快なフット・ワークのものが多いのです。以前、アフリカを紹介するあるTV番組を見ていたら、こんな場面がありました。確か、祭りのシーンか何かだったと思います。大勢の人々が民族衣装を着て広場に集まっていて、そこで太鼓などのパーカッションが鳴り始めると、それに合わせてみんな一斉に直立したまま、垂直飛びのように空に向かってジャンプを始めたのでした。似たようなシーンを見たことのある人もいると思いますが、日本人では決してありえない反応に驚いた記憶があります。そして、その背筋の伸びた姿勢と足腰のバネに、黒人の独特なハネたフィーリングのリズムとプッシュ感のあるビートの秘密を垣間見たような気がしました。

## ■言葉とリズム

もう1つよく言われるのが、言葉のリズムの違いです。日本語は1拍1拍の音の長さと強さが同じになりがちな、単調なリズムが特徴です。例えば、“こんにちは”、“さようなら”という言葉を普通に読むと音の高低はありますが、ノー・アクセントの8分音符に近くなるでしょう。これを外国人が発音すると“コンニィーチワ”、“サヨナァーラ”のように音符の長さが変わったり、アクセントがついたりします。みなさんも自分の名前を英語で人に教えたり、または外国人に呼ばれたりして、そのイントネーションの違いを経験していることでしょう。日本独特のリズム・パターンといえる俳句や短歌、または、3・3・7拍子などもそのようなリズムの特徴ゆえに生まれてきたものといえます。ちなみに下に、“ドラム・キット”という言葉を例に日本語と英語の発音の違いを譜面にしてみました。日本語は点で3つの音から始まるのに対して、英語は拍のウラから始まって次のアタマに向かう勢いが生まれ、よりシャープな語感となっています。ただし、言葉というものも時代とともに変化していくものです。

昨今、若者の言葉遣いが乱れているなんてことをよく耳にします。でも、こと“リズム”という側面から見ると、日本人のフィーリングもかなりシャープでリズミカルに変化してきたと言えるのではないでしょうか。

▲譜例5-1　日本語と英語の発音の違い

## 2 リズム感を良くする

1日のうち、バンドの練習や個人練習などでスティックを握っていられる時間はどれくらいあるでしょうか？　学校や仕事に行かなくてはならなかったり、家に帰ってきても時間が遅くて、思うように練習時間がとれない人もいるはず。そんなときのために、スティックを握らなくてもできるリズム・トレーニング方法をいくつか紹介しましょう。

### ■常にいろいろなリズムを感じるように心がける

前にも述べたように、私達の周囲にはいろいろなリズムが溢れています。まず、これを日ごろから意識することが重要です。道端に花が咲いていても、それに気付かなければ美しいと思わないように、リズムも自分で敏感に感じようとすることが大切なのです。それにはまず、“自分の体内のリズム”という一番身近なものを感じることから始めてみてはどうでしょうか。

#### 1. 心臓の鼓動（脈拍）

人間は生まれる前から母親の胎内で、この音を聞いています。手を胸や手首などに当てて、心臓の鼓動を感じてみましょう。“ドクン、ドクン”と3拍子のリズムが鳴っているはずです。まずは、死ぬまで自分の体内で止まることのない、このハート・ビートを意識してみてください。これは電車の中や寝る前のベッドの中など、場所を選ばずどこでもできます。

#### 2. 呼吸

人間は呼吸をしなくては生きていけません。いつもは気にも留めず呼吸をしていると思いますが、この息を“吐いて”、“吸う”というリズムを意識してみましょう。呼吸をコントロールすることは、実はドラムを叩くうえでも重要な問題です。それによって、集中力が増したり、フレーズがスムーズに流れ出したり、バンド全員の息が合ったり、合わなかったりということが起こってくるのです。

呼吸法には、大きく分けて胸部式と横隔膜式（腹式）の2種類が挙げられますが、後者の方が機能的に効率が良く、神経生理学的にも自然だと言われています。これは、武道や座禅、ヨガなどにもこの呼吸法が用いられていることでもわかります。また、管楽器奏者やヴォーカリストにも必要とされるものです。

横隔膜とは、胸と腹との境にある弓の形をした筋肉の膜です。これを縮めると中央が低くなり、胸の内部が広くなって肺に空気が吸い込まれます。そして、横隔膜が下がることによって、内蔵が下に押されてお腹がふくらみます(**図5-2**)。

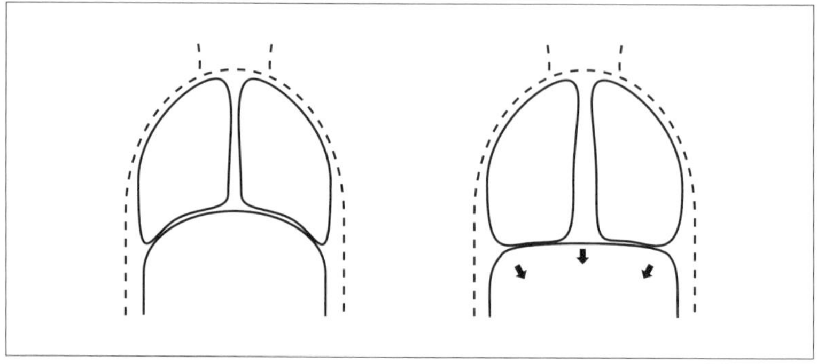

▲図5-2　通常の状態(左)と横隔膜が下がった状態(右)

これを俗に“下腹に力の入った状態”と呼び、身体に力がみなぎるような安定した状態になります。よく歌を歌うときに“お腹から声を出す”という言い方をしますが、ドラムの場合も同じこと。このように息を吸って、お腹からリズムを出すイメージで叩くと良いでしょう。

また吸った息は、おへその少し下にある“丹田”といわれるところに収めるようにイメ－ジすると良いと言われます。丹田は、禅や気功、武道などで“気が生ずるところ”と言われますが、ここを意識することによって、呼吸や身体の重心の安定が得られ、リラックスした演奏の助けになります。

というわけで生命力を感じさせるリズムの叩くためには呼吸が大切ということを理解してください。さらに詳しいことを知りたい人は、呼吸の専門書などで研究してみても価値はあると思います。

### 3. フレーズを歌う

そばに楽器がなくても、フレーズをイメージすることはできます。声に出したり、あるいは頭の中でフレーズを歌ったりしてみましょう。なぜなら口に出して歌えるフレーズは、必ず叩けるはずだからです(と昔からよく言われています)。どこにアクセントをつけるのか。また、どのようなニュアンスで歌うとカッコいいフレーズに聴こえるか、などいろいろ試しながらやると良いでしょう。そして、どこで息を吸うかなどの呼吸の仕方をしっかり意識することも大切です。自分のバンドで演奏する曲を、メトロノームに合わせて最初から最後まで歌ってみたり、もし譜面があるならば、それに息を吸うポイントを書き込むというものも良い方法です。

息を吸うポイントは、フレーズや人の解釈によっても違います。しかし、拳法や空手でも"突き"や"蹴り"に移るときは、気合いを入れて息を吐くように、ドラムも拍のアタマやスネア・ドラムやバス・ドラムにアクセントをつけるときは、自然に息を吐くことになるはず。そうなると必然的に拍のウラで息を吸うことが多くなるのかもしれません。

また歌うときには、「言葉とリズム」の項で述べたように、平坦な歌い方にならないよう、英語で歌うようなイメージを持つのもひとつの手です。8ビートを歌うときでも、"ドチ・タチ・ドチ・タチ"というよりも、例えば"ドゥンチュ・ガッチュ(don't you get you)"など英語の語感に当てはめてみたり、自分なりにいろいろと遊んでみてはどうでしょうか。それによって実際にドラムを叩いたときの表情も変化してくるでしょう。

ちなみに私は、トレーニングの1つとして駅までの道のりを、よくメトロノームをイヤフォンで聴きながら歩いて、それに合わせてフレーズを歌っていました。今日は遅刻気味だから♩=130だとか、少し時間に余裕があるから♩=115で行こうなどと歩く速さを決めるわけです。ただし、フレーズを歌いながら歩くと、周りから"変な人"という目で見られたり、夏の日などは駅に着くころには、汗だくになってしまうという辛さもあります……(笑)。

## 4. メトロノームを利用する

メトロノームをタイム・キープに使用するという方法は、これまでの項でも述べましたが、ここではメトロノームを利用したリズム・トレーニング法をいくつか紹介しましょう（**譜例5-3〜5-7**）。これらは特にスティックを持たずに、手や膝などを叩いても十分にできます。

①メトロノームのリズムを4分音符ととらえながらウラ拍を叩く。

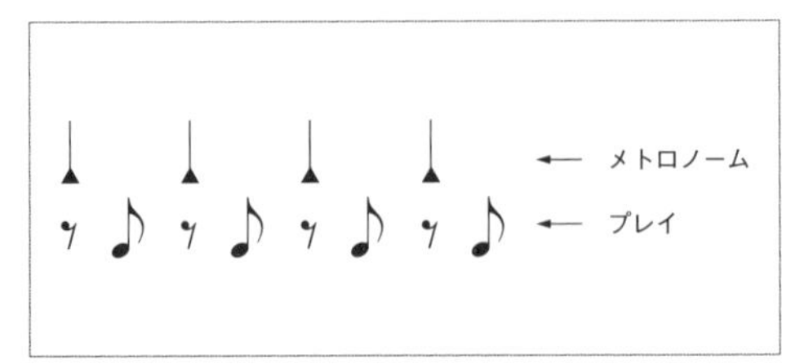


▲譜例5-3　メトロノームを使った練習1

②メトロノームのリズムを8分音符のウラととらえながら4分音符や8分音符、16分音符を叩く。しっかりとウラ拍を感じる訓練をすれば、自然とリズムが安定していきます。

▲譜例5-4　メトロノームを使った練習2

③メトロノームのリズムを3連符の3つ目としてとらえながら4分音符や3連符を叩く。ハネた感覚を訓練するのにも良いでしょう。

▲譜例5-5　メトロノームを使った練習3

④メトロノームのリズムを16分音符の4つ目ととらえながら4分音符や16分音符を叩く。

▲譜例5-6　メトロノームを使った練習4

⑤メトロノームのリズムを2拍3連ととらえながら4分音符や3連符を叩く。

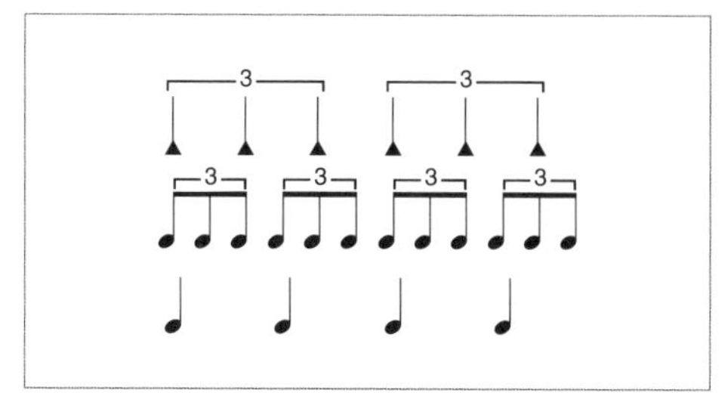


▲譜例5-7　メトロノームを使った練習5

この他にもアイディア次第でたくさんの方法が見つかるはずです。メトロノームのリズムをいろいろなイメージとしてとらえながら、さまざまな音符やリズム・パターンを叩いてみましょう。

## ■音楽に合わせて身体を動かす（ダンス）

リズム感を良くしたり、曲のノリをつかんだりするためには、音楽に合わせて踊り、どのようにノッたら気持ち良いかを身体で感じるのが一番手っとり早い方法です。アフリカのパーカッション・アンサンブルをはじめ、サンバやアフロ・キューバン、ファンク、カントリー……。“踊り”をストレートに喚起させる音楽はいろいろあります。音楽とダンスは切っても切れない縁なのです。

実際に外国の人々は、本当に踊ることが好きです。黒人なんかは、ラジカセ片手に“Hey Men！”なんて言いながら腰を動かして歩いていたりします。小さなころからダンス、すなわち踊るということが身近にあるため、「誰に習ったというわけでもなく、自然に踊れるようになった」とアメリカの友人は言っていました。ですからみなさんもぜひ、家でお気に入りの

CDでもかけながら自然に身体を動かしてみてください。また、クラブへ出かけたり、ファンキーな黒人のダンサーやミュージシャンなどのビデオを観たりして、身体の動きを研究してみるのも良いでしょう。

ルーサー・ヴァンドロスのバンドなどで活躍していた、ファンク・ドラマーのヨギ・ホートンも、“僕は演奏しているとき、みんながどんなふうにコンサートで踊っているか観察して、自分のプレイを工夫している”と言っていました。

## ■自宅でファンキーに踊るためのレッスン

上記で述べたように、音楽に合わせて身体を動かすことがドラムの演奏に良い影響を与えます。その具体的なトレーニングの一例をここで紹介しましょう。

### 1.ステップ編

①まず、好みのCDをかける。ファンク系の曲ならばテンポも歩く速さに近く、踊りやすいでしょう。

②それに合わせてまずその場で4分音符を足で刻んでみましょう。足のウォーキングは、すべての基本です(**図A**)。

図A

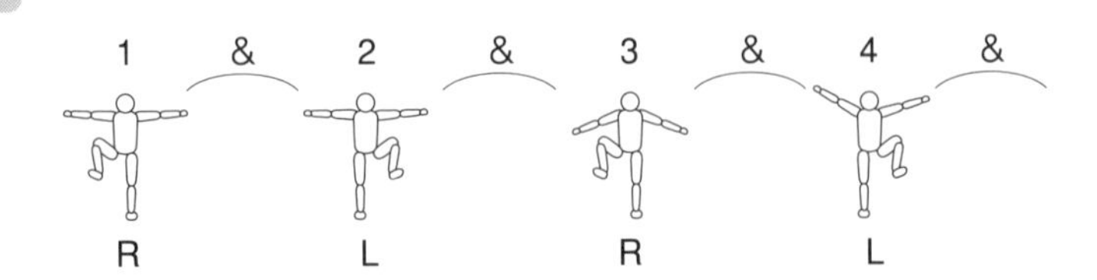


③それが気持ちよくできるようになったら、今度は身体で8分音符を感じながら小刻みに揺れる感じで足踏みしてみましょう。8分で軽くスキップするような要領です(足でダブル・ストロークする感じ)。このとき、ビートのウラ拍をしっかり感じながらやると良いでしょう。音楽にうまくノれば、これだけでも十分楽しくなれます(**図B**)。

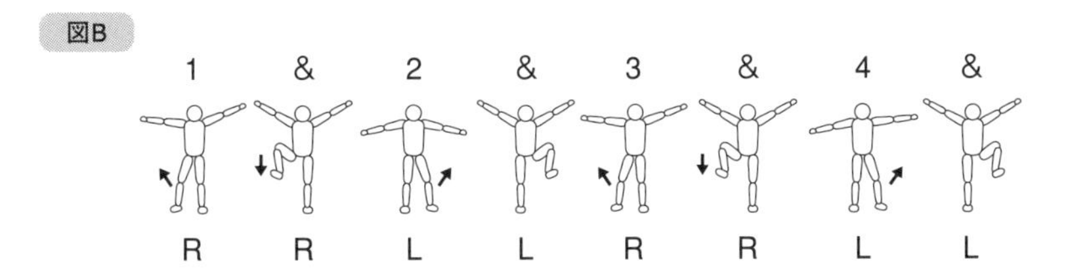


④8分の小刻みな動きはそのままで、左右2拍ずつ体重移動してみましょう。身体で8分音符を刻みつつ、右足で2拍、左足で2拍と足踏みしてます。どうですか？　ちょっとわかりにくいかもしれませんが、ポイントは音楽に合わせて、右足（1、2）左足（1、2）と8分の小刻みな動きを感じてステップすればいいというわけです。Let's Dance！　きっとできるはずです（**図C**）。

## 2. ボディ編

①次頁の**図D**のようにヒザと腰と胸とアゴを柔らかく使って、上下前後にノッてみましょう。このときは、拍のアタマを“下”に感じる方法（拍のアタマでヒザが曲がって、猫背のようになり、胸が内側に入っている状態）と、拍のアタマを“上”で感じる方法（拍のアタマでヒザが伸び切っていて、背筋が伸び、胸が前に突き出されている状態）の2種類のリズムの取り方があります。最もポイントとなるのは、胸が入っているか、胸が突き出ているか。慣れるまでは、少し難しいはずですが、ドラムを叩く上でもかなり役立つのでしっかりマスターしましょう！

②上記の①の動きに腕の上下運動を軽くつける。拍のアタマを上で感じるときは、腕で身体を押し上げるように腕を下に引きます。拍のアタマを下で感じるときは、逆の動きになります。

③それではステップ編で紹介した③と④をこの動きにミックスしましょう。

図D

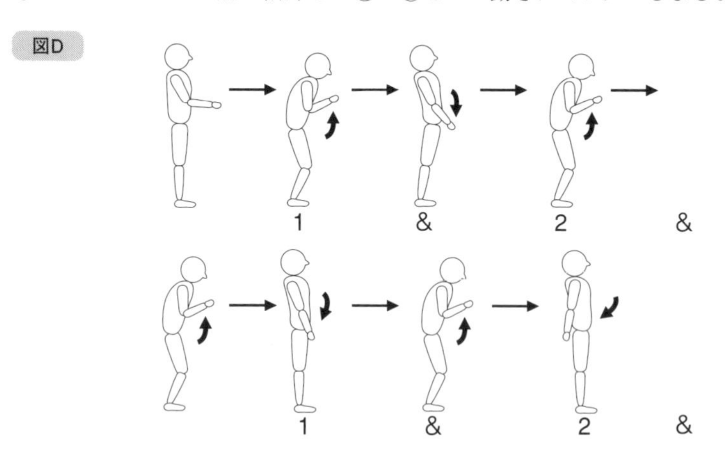


不安な人も、とにかく踊ってみましょう！　きっと身体が自然についてくると思います。ここでも大切なポイントは、“リラックス”と“音楽をよく聴く”ということ。そしてこうした身体の動きは、ドラムをプレイするときに自然に取り込まれていくものです。演奏をする上で参考になるので楽しく続けてみてください。

## 3 感性を磨く

リズム感というテーマとは直接関係ありませんが、良い音楽を作り出すためには“感性を磨く”ということがとても大切になります。感情の入ってない演奏では、聴き手を感動させることはできません。常に感性の豊かな音楽を演奏するためには、感受性を高める努力も必要なのです。例えば本を読んだり、映画を見たり、美術館に絵を見に行ったり、また美しい花を見たり、恋をしたり、といったさまざまなことが自然に音楽に反映されるのです。以前ニューヨークで知り合った画家がこんなことをいっていました。「僕達画家は、絵を描くときに頭の中にいつも音楽が鳴っている。そしてミュージシャンは、音楽を演奏するときに、頭の中に絵が浮かんでいるはず。絵と音楽にはすごく共通性があると思わないか？」。That's Right!!

## 日本人と外国人のリズムの取り方の違い

日本の実業団のアメリカン・フットボール・チームのコーチをしている、白人のアメリカ人ジョエルさんという人がいます。彼が日本に来て感じたいろいろな場面でのリズムのカウント法の違いを聞かせてくれました。なかなか興味深い話なので、ドラムを叩くためのヒントになるかも……！

①「ボールをドリブルしてカウントするときに、日本人は、ボールが地面に当たるときにカウントする人がほとんどですが、私(ジョエル氏)はボールが自分の手に戻ってきたときにカウントをします」。

②「プッシュ・アップ(腕立て伏せ)をするときに、日本人は、腕を曲げて身体が下に沈んだときにカウントしますが、私は、腕を伸ばして身体が上に上がってきたときにカウントするんです」。

③「準備体操をするときや音楽に合わせてカウントするときに、日本人は「1-2-3-4」、「2-2-3-4」、「3-2-3-4」、「4-2-3-4」……とカウントするが、私は「1-2-3-1」、「1-2-3-2」、「1-2-3-3」、「1-2-3-4」……とカウントします」。

──何が違うかわかりますか？　日本人は、最初に回数を数えていますが、ジョエルさんは、最後に回数を数えているんですね。「なんだそんなこと？」と思うかもしれませんが、これは、ドラムを叩くときにもこのように小節数を数えると、1拍目に意識がより行き届きかなり違うことがわかると思います。ちょっと試してみることをお勧めします。

# 第6章
# ミュージカル・トレーニング

どれだけ練習を積んで、テクニカルなリズム・パターンやフィルインが叩けるようになったとしても、いちからリズム・パターンやフィルインを自分で考え出すのは難しい。しかし良いドラマーに最も要求されるもののひとつは、“オリジナリティ”なのだ。では、そのオリジナリティあるドラム演奏を行うには、どんなトレーニングを積んで、どんな知識を身につければいいのだろうか?

## 1 アイディアを加えて“応用”する

オリジナリティを高めること。これが良いドラマーになるための最大の課題の1つでもあります。前項から本書では“応用”という言葉をよく使っていますが、それは、1つのモチーフに対して自分なりのアイディアを加えて、さまざまなアプローチを試みることが、オリジナルのフレーズやフィルインを作る上でとても大切なことだからです。

### ■叩く楽器を変える

同じ音形のフレーズでも、叩く楽器を変えるだけで印象の異なるフレーズに聴かせることができます。1つのフレーズをマスターしたら、いろいろと叩くパーツを変えて応用してみましょう。譜例は“タンタン・タカタン”という定番フィルの形を応用した例です。このように応用して変化をつけていくと、フレーズのバリエーションが飛躍的に増えるはずです。

▲譜例6-1　叩く楽器を変えて応用した例

### ■スタート・ポイントを変える

同じフレーズでも、叩き始めるタイミングを変えるだけで印象の異なるフレーズに聴かせることができます。譜例は1拍半フレーズのスタート・ポイントを変化させた例。実際に叩いてみると、それぞれのフレーズ感の違いを実感できるはず。1つのフレーズをマスターしたら、いろいろなスタート・ポイントを試してみましょう。

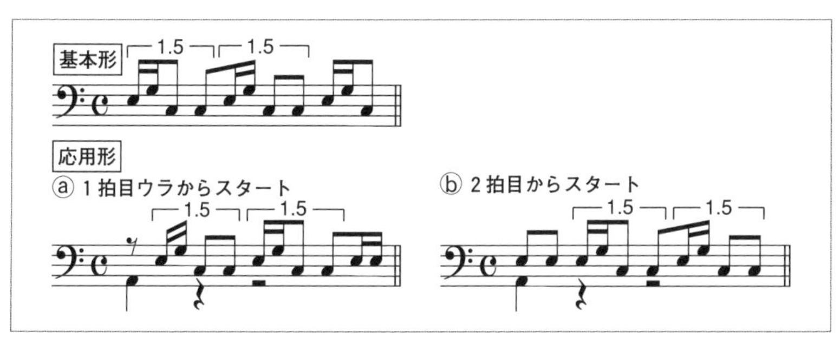


▲譜例6-2 叩き始めるタイミングを変えて応用した例

## ■バス・ドラムを応用する

フィルインの一部にバス・ドラムを効果的に使うことによって、フレーズのイメージはガラリと変わります。今まで手だけで叩いていたフレーズに足のコンビネーションを加えてみましょう。手とバス・ドラムのつながりがスムーズになるようにゆっくりのテンポから練習してください。

▲譜例6-3 バス・ドラムを効果的に使った例

## ■ルーディメントを応用する

練習したルーディメントを応用して、実際にリズム・パターンやフィルインの中に使ってみましょう。例えばパラディドルをリズム・パターン化するなど、ルーディメントを応用したフレーズはたくさんあります。譜例を参考にしつつ、みなさんも自由な発想でいろいろ試してみてください。

## 1. パラディドルを応用する

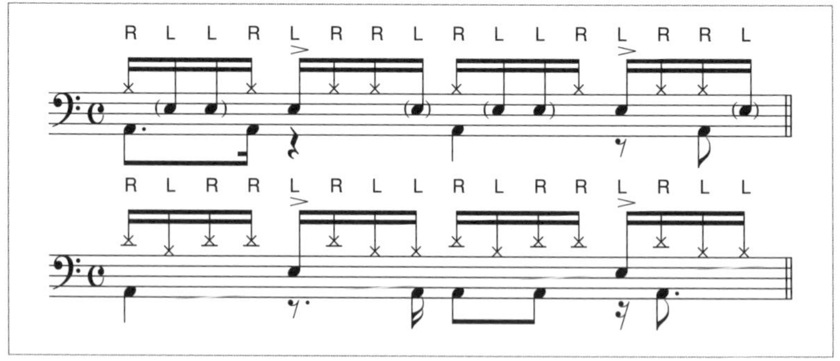


▲譜例6-4　パラディドルをハイハットやスネア、ライドに応用したリズム・パターン

## 2. フラム・アクセントを応用する

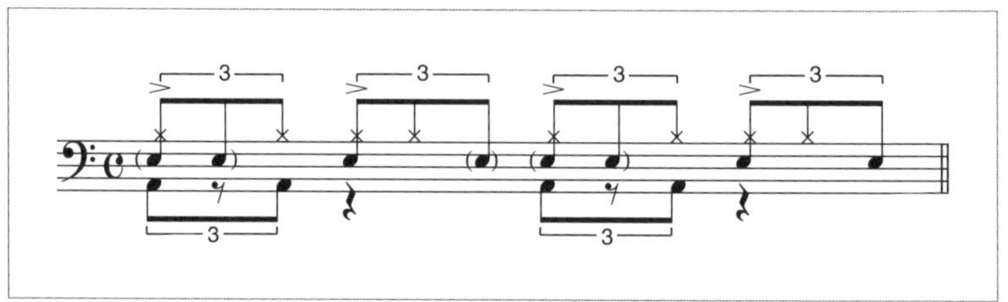


▲譜例6-5　フラム・アクセントを応用したシャッフル・パターン。アクセント以外のスネアを小さく叩くのがポイント

## 3. スイス・トリプレットを応用する

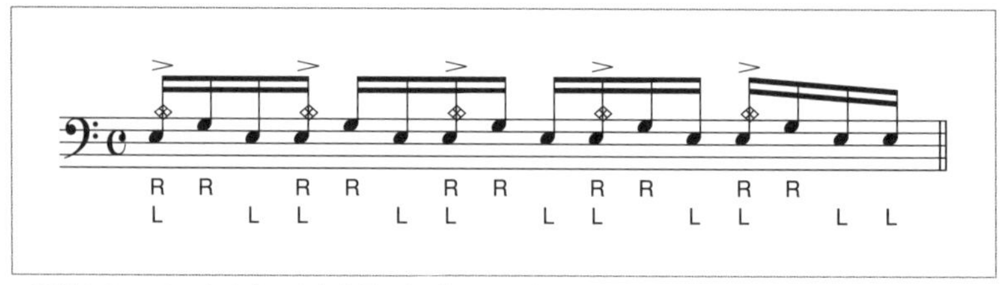


▲譜例6-6　スイス・トリプレットを応用した３拍フレーズのフィルイン

## 4. 5ストローク・ロールを応用する

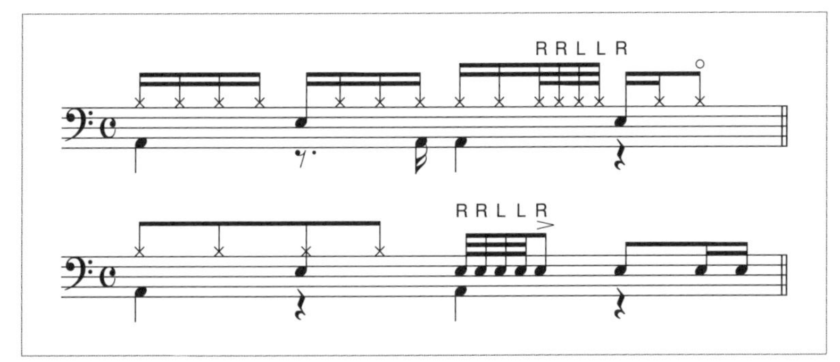


▲譜例6-7 5ストローク・ロールを使って勢いを付けたリズム・パターンとフィルイン

## 5. 6ストローク・ロールを応用する

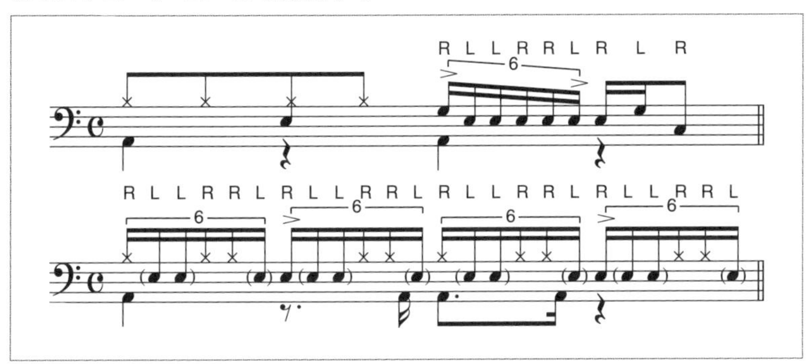


▲譜例6-8 6ストローク・ロールを使ったファンク系の定番フィルとリズム・パターン

## 6. ラフ系を応用する

▲譜例6-9 ラフを応用したフィルインの例

## 7. ルーディメントのパターンをバス・ドラムに応用する

▲譜例6-10　ラフ、6ストローク、ラタマキューの応用例

# 2 奏法の幅を広げる

“叩き方”自体をガラリと変えることで違ったニュアンスを生む方法です。

## ■リニア・ドラミング

リニアとは“直線”を意味する言葉です。そしてリニア・ドラミングとは、2打以上の音を同時に叩かないというコンセプトでの演奏を指します。リズム・パターンで効果的に使われることも多く、バス・ドラムやハイハットとスネア・ドラムを巧妙に絡み合わせて、新鮮なニュアンスのビートを生み出すことが可能です。手足の高度なコンビネーションの能力が必要なため、テクニシャン・ドラマー達がよく使うテクニックであり、部分的に音が重なる箇所があっても、このコンセプトを基本にしていればリニア・ドラミングと呼びます。**譜例6-11**はリズム・パターンでの例です。

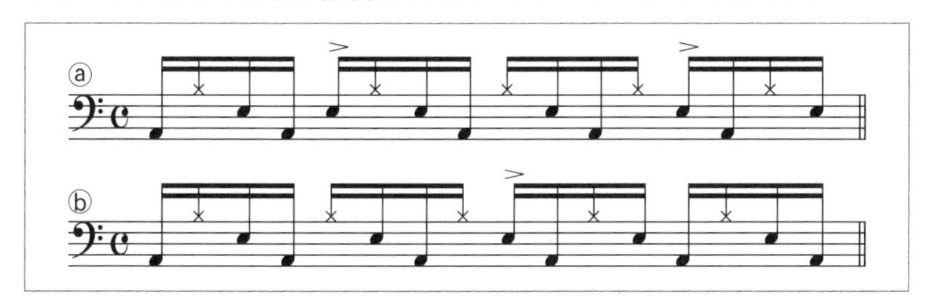


▲譜例6-11 リニア・ドラミングを用いたリズム・パターンの例

## ■オープン・ハンド

右利き用のドラム・セットで8ビートを叩くとき、通常右手でハイハット、左手でスネア・ドラムを叩きますが（左右の手が交差する状態)、これを逆に左手でハイハット、右手でスネア・ドラムを叩く演奏スタイルをオープン・ハンド奏法と呼びます。ビリー・コブハムやサイモン・フィリップスなどが代表的なオープン・ハンド奏法の使い手ですが、腕を交差させないことで、ハイハットでリズムをキープしながらも、他方の手でドラム・セット上を広範囲に移動可能になるといったメリットが得られます。オープン・ハンドの使い手は左利きの人が有利ですが、意外に右利きの人がこの奏法を用いる場合も多いのです。ちなみに、オープン・ハンドを用いるドラマーは、たいていの場合、ライド・シンバルをハイハット側にセットしています。

## 3 いろいろな音楽を"聴く"

オリジナリティを高めることが良いドラマーになるための最大の課題のひとつと先に述べました。では良いドラマーになるにはどんなトレーニングをすればいいのかを以下に述べていきましょう。

### ■コピーをする

まずは、一流のプロ・ミュージシャンがどのようなプレイをしているかを徹底的に聴き込んでみましょう。ただし、数をむやみに増やす必要はありません。気に入った曲のリズム・パターンやフィルインを何度も耳で聴いてコピーするのが一番です。最近ではバンド・スコアが数多く出回っていて、それに頼ってしまう人も多く見られます。しかし、そのようなバンド・スコアだけでは曲やフレーズのニュアンスが伝わってきません。だから、譜面だけで音楽を理解したつもりになるのは危険。バンド・スコアを使用する場合も必ず実際に曲を聴いて、耳で確認することが大切です。

音楽をよく聴いて、そこで何が行われているのかを理解することは、耳を鍛えるという意味においても重要です。そして同時に、ドラムだけでなく、ベースやヴォーカルなどほかのパートとの関係も注意して聴くように意識しましょう。例えば"ヴォーカルがこう歌っているからドラムがこう叩いている"とか、"こういうキメがあるからフィルインがこのように構成されている"などなど。そうしたトレーニングは、自分達のオリジナル曲のドラム・パートを作るときにも役立ちます。他のパートを聴いて、それに合ったものを自然にイメージできるようになるはずです。

### ■いろいろなジャンルの曲を聴く

良いドラマーの心得としては、一定のジャンルにこだわらず、幅広くいろいろなジャンルの音楽を聴いて、たくさんのリズム・パターンを叩けるようにすることも重要です。そうやって身につけたパターンやアイディアをまったく異なったジャンルに応用することによって、オリジナリティのあるフレーズやリズム・パターンを作り出せるようになるでしょう。

### 1. サンバ

**譜例6-12**は、サンバの基本パターンの1つ。この手順をそのままでハイハット・シンバルとスネア・ドラムで演奏し、アクセントだけを変えるとファンクっぽいパターンに変身します。同じ手順をタムなどに移動して、フィルインでも練習してみましょう。

▲譜例6-12 サンバの基本パターン例

### 2.レゲエ／スカ

カリブ海の島、ジャマイカで生まれたレゲエとスカのリズムも特有のノリが魅力的です。ワン・ドロップと呼ばれる3拍目にバス・ドラムを1発落とすことで生まれる、ゆったりしたフィールが心地良いレゲエ、ウラ打ちを強調し、勢い良く邁進するスピード感が魅力のスカも叩いてみましょう。

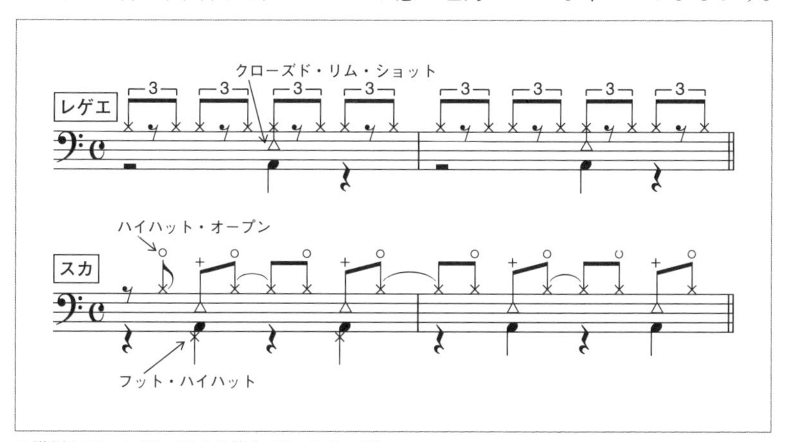


▲譜例6-13 レゲエ／スカの基本パターンの一例

### 3. ニューオーリンズ風(セカンドライン)

セカンドラインと呼ばれるアクセントが特徴的な、ニューオーリンズの賑やかなビートです。微妙にハネたフィールで演奏すると雰囲気が出しやすいでしょう。

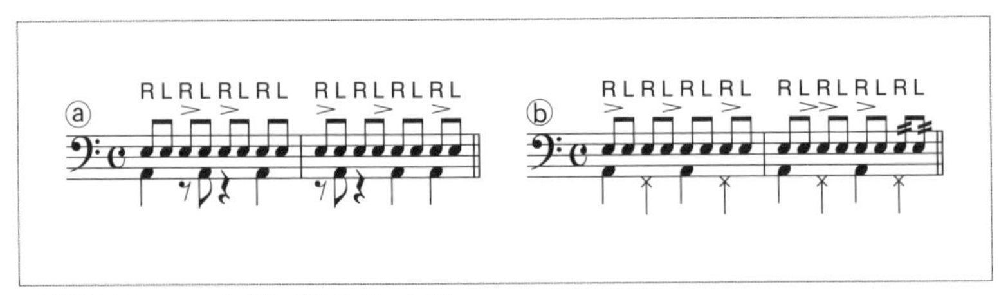


▲譜例6-14　ニューオーリンズ風のパターン例

### 4. ジェフ・ポーカロ風ラテン・フィール

ジェフ・ポーカロがいろいろいなセッションで叩いているラテン・フィールのパターンです(**譜例6-15**)。

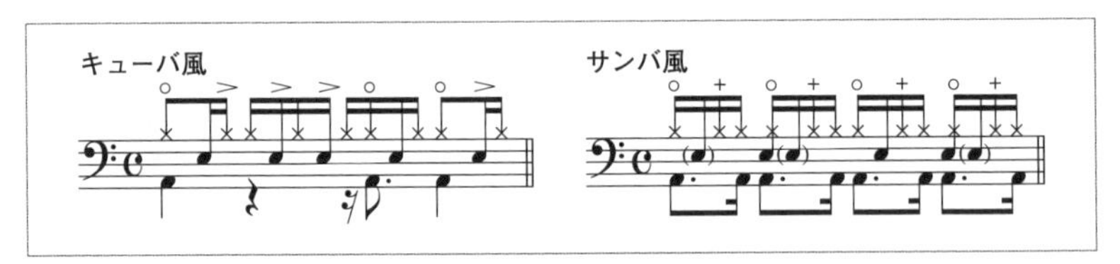


▲譜例6-15　ジェフ・ポーカロ風ラテン・フィール

### 5. モザンビーク

**譜例6-16**は、スティーヴ・ガッドによって有名になったアフロ・キューバン系のパターンです。これも応用を効かせることにより、ファンクっぽいパターンに使えます。

▲譜例6-16　モザンビークの基本パターン例

### 6. アフロ・キューバン 6／8

6／8のアフロ・キューバンのパターンです(**譜例6-17**)。ジェフ・ポーカロは、これをシャッフルのフィルインに応用してよく使っていました。

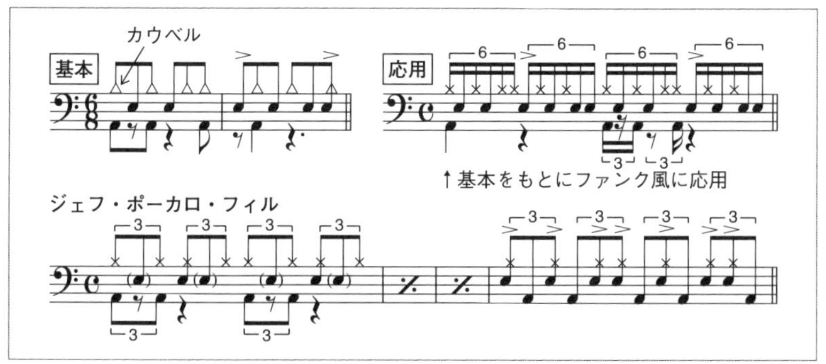


▲譜例6-17 アフロ・キューバン6/8

### 7. デイヴ・ウェックル風のソンゴ・パターン

デイヴ・ウェックルが得意とするソンゴ・パターンです(**譜例6-18**)。

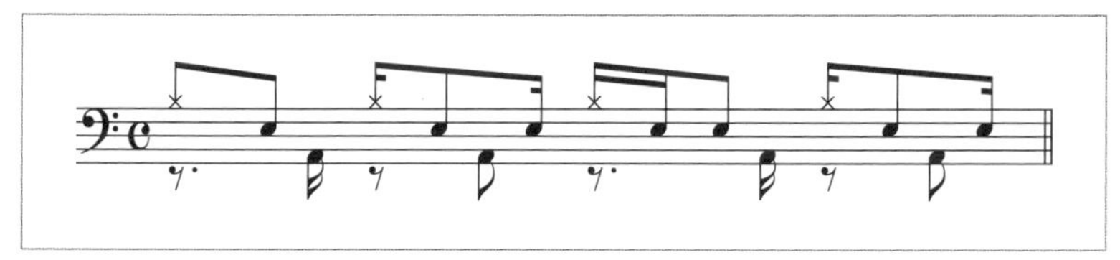

▲譜例6-18 デイヴ・ウェックル風のソンゴ・パターン

### 8. ジャズ〜シンバル・レガート

ドラム・セットの歴史を辿るとジャズに行き着く。したがって、ジャズを聴いてスウィング感を身につけることはすべてのドラマーにとって有意義なことです。ジャズの代表的な奏法にシンバル・レガートがあります。レガートとは、「音の間を滑らかにつなげて演奏する」という音楽用語。そしてシンバル・レガートとは、ライド・シンバルやハイハットで滑らかにリズムを刻むことを指します。最も代表的なフレーズは**譜例6-19**に記したようなジャズで使われるライド・シンバルのパターンです。

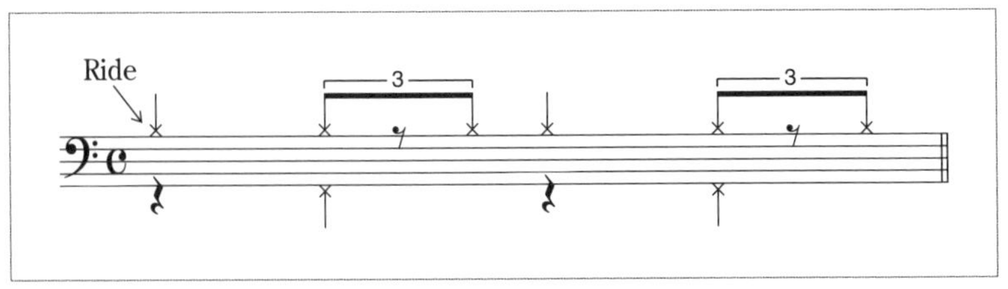


▲譜例6-19　シンバル・レガート

以上のようにいくつかのリズム・パターンと応用例を紹介しましたが、8ビート中心の音楽しか体験したことのなかった人も、たまにはこのようなパターンを練習すると新たな刺激とアイディアを得られるはず。いろいろな応用例にチャレンジしてみてください。

## ■ルーツを探る

自分の音楽性の幅を広げる効果的な道筋の1つとして、お気に入りのドラマーやミュージシャンのルーツを探っていくという方法があります。自分の好きなドラマーがどんな音楽を聴いて育ってきて、どんなドラマー達から影響を受けているのかを研究して聴くのです。そうすれば、好きなドラマーの演奏に近づく助けにもなり、同時に自分の音楽性を広げることもできます。

実際、ハード・ロック・バンドのドラマーが影響を受けたミュージシャンとして60年代に活躍したジャズ・ドラマーなどの名前を挙げるということも珍しくはありません。ロックの定番的なフレーズだと思っていたものが、実はジャズ・ドラマーが遥か昔から叩いていたフレーズの応用である場合も多いのです。そしてさらにそのドラマーからルーツをさかのぼってみたり、その時代のほかのドラマーを聴いてみたりすることにより、多くの音楽的知識を得ることができるでしょう。ドラマーにとってドラムの歴史を知ることは、とても大切で価値のあることなのです。

## 4ウェイ・インディペンデンスを鍛えるエクササイズ

ドラムの演奏で、両手両足を独立して自由に操る技術を、4ウェイ・インディペンデンスと呼びます。そして、その能力を高めることはドラムを上達するための重要課題であり、その熟練度が演奏レベルを計るひとつの目安ともなります。

以下に4ウェイ・インディペンデンスを鍛えるエクササイズをいくつか挙げましたので、ぜひチャレンジしてみてください。すべてのエクササイズは、ライド・シンバルを8分音符で刻むことを基本として、スネア・ドラムやバス・ドラム、足で踏むハイハットをいろいろと変化させています。

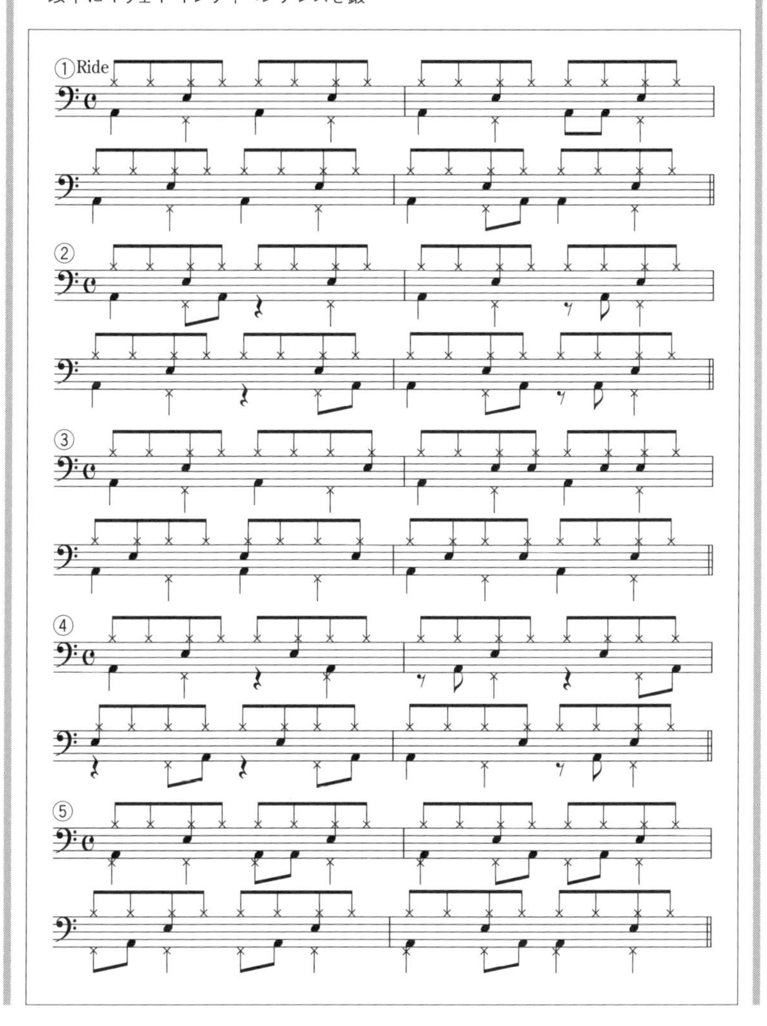

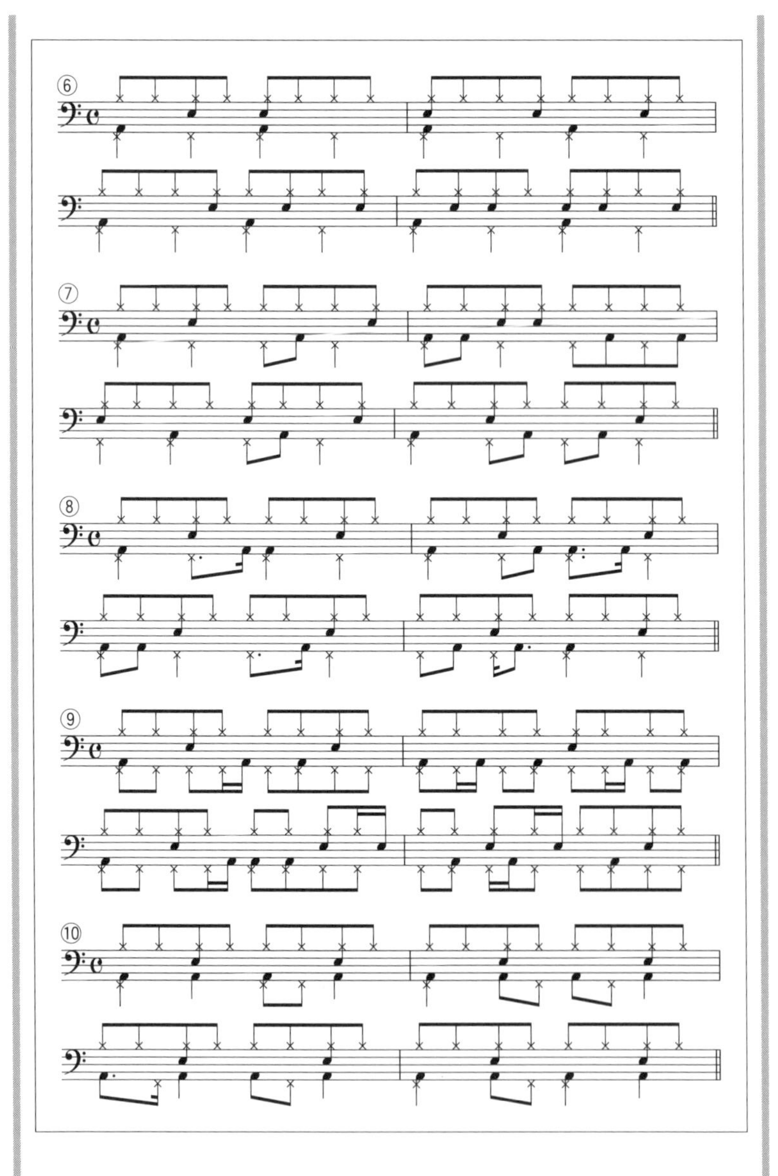


これらのエクササイズは、動きを変化させている手足に多くの神経を使いがちですが、実はその他のキープしている右手など音の強弱やニュアンスが、つられて変化しないことも大切なポイント。常に全体を意識しながら練習することを心がけてください。

# 第7章

# スタジオ・リハーサル

**バンド・メンバーの大切な時間とお金を使って借りるスタジオ。だからこそ、いつも気持ち良く練習したい。基本的なマナーを守るのはもちろん、事前の個人練習やバンドの打ち合わせも完璧にして、万全の体勢でリハーサルに臨もう！**

## 1 スタジオに入る際の心構えとエチケット

リハーサル・スタジオは、大勢のミュージシャンが出入りする場所。お互いにマナーを守って気持ち良く使いたいものです。また初心者ドラマーは個人練習で初めてスタジオを利用するケースも多いようですが、そういう方から、初めてのスタジオは入店しずらい雰囲気があるという声もよく耳にします。スタジオの基本のシステムは、カラオケ・ルームと同様に時間貸しをするもので、多様な年齢層の人が利用しています。勇気を持って扉を開ければ，スタッフの方が親切に対応してくれるはず。自分のスキル・アップのために積極的に利用してほしいと思います。

### ■時間を守る

せめて5分前にはスタジオに到着。遅刻グセのあるメンバーがいると、バンド全体のテンションが下がることもあります。特にドラマーはセッティングに時間がかかるので、早くスタジオに行く習慣をつけましょう。さらに、終了の時間を守ることも大切。次のバンドに迷惑がかからないように、後片づけの時間も考えて余裕を持って終わりましょう。

### ■練習する曲を事前にしっかり把握しておく

例えば、誰かの曲をコピーして練習するとしましょう。そのときに、1人だけコピーしていない人がいると練習が先に進まなくなってしまいます。スタジオに入ってから音源を聴いて、構成を確認していたりするようでは時間のムダ。必ずスタジオに入る前に、個人が責任を持ってやっておきましょう。また難しいパートがある場合は、事前によく練習しておくこと。バンドの練習は個人練習の場ではありません。

また、構成が覚えられない場合は、「イントロ（8小節～キメあり）A（7小節＋フィル1小節）サビ（16小節）」といった簡単なメモを準備するのも良い方法。さらに市販のスコアを使用する場合は、ドラム・パートのみを五線紙に書き写してページ数を少なく処理すると、演奏中にページをめくる手間が省けて集中できます。

### ■スタジオのマナーを守る

スタジオ内での飲食や喫煙は規制されている場合は、必ず守りましょう。またドラム・ヘッドなどが破けていたり、破けてしまったときはスタジオの人に伝えて、取り換えてもらうと良いでしょう（もちろん消耗品なのでお金を取られることはまずありません）。そしてセッティングを極端に変えたとき（タムを1つハズすなど）は、退室の際にできるだけ最初の状態に戻しておくことも大切なマナーです。

## 2 バンド練習を始める前にやっておくこと

スタジオに入って、すぐにバンドで音出し、というわけにはいきません。まずはバンドの練習がしやすいように、自分で環境を整える必要があります。

### ■セッティング

前項でも少し触れましたが、まず自分がドラムを叩きやすいように調整していきます。主な調整ポイントは以下の通りです。

①イスの高さを合わせる。

②ペダルを正しくセット。必要があればバネの強さを調整。

③スネアやタム、シンバルの高さや角度を調整。タムやバス・ドラム、スネア・ドラムなどがお互いに接触していると、ノイズや傷の原因になるので注意。

### ■チューニング

どのようにドラム・セットをチューニングをしたらよいかわからないという初心者も、毎回が勉強だと思って自分なりのチューニングを手がけてみましょう。特にスタジオで叩き込まれたドラムは、タムやスネアなどのテンション・ボルトが部分的に極端に緩んでいる場合があります。まずは、これをチェックして各ボルトを同じテンションに揃えることから始めてみましょう。

## ■音のバランスの調整

セッティング終了後にとりあえず曲を演奏したら、全員の音がよく聴こえるかをチェックしましょう。全体のバランスはドラマーの音量を基準にする場合が多いですが、PAの都合などでヴォーカルが聴こえにくい場合は、ドラムもそれに合わせる必要があります。また、ギターやベースの音が聴こえにくい場合は音量を上げてもらうか、アンプの向きを少し自分側に向けてもらうなどして解決しましょう。

### フット・ペダルのセッティング

スタジオでは、前に使用していた人が自分のフット・ペダルを持ち込んだためにスタジオ常設のフット・ペダルがバス・ドラムから外れた状態になっている場合がよくあります。そのようなときのためにも(自分のフット・ペダルを持ち込んだ場合はもちろん)、きちんとしたフット・ペダルのセットの仕方を知っておきましょう。

まずフット・ペダルのフープ・クランプ(写真左)と呼ばれる部分に、バス・ドラムのフープ(枠)をしっかりと奥まで差し込みます。このときバス・ドラムの打面とペダルのフット・ボードの関係が、上から見てTの字になっていることを確認してください(写真右)。これがズレていると踏む力が正しく伝わりません。そして、フット・ペダルをフープの真下にあたる位置にセットすることも大切。これが左右どちらかに偏っていると、フープ・クランプのネジを締めて固定したときにペダルの片側どちらかが浮き上がってきてしまいます(図)。こうなるとフープ自体に負担をかけるばかりでなく、フット・ペダルの自然な動きも妨げてしまいます。こうして正しくセットされたフット・ペダルは、フープ・クランプのネジを軽く締めるだけで十分に固定することができます。

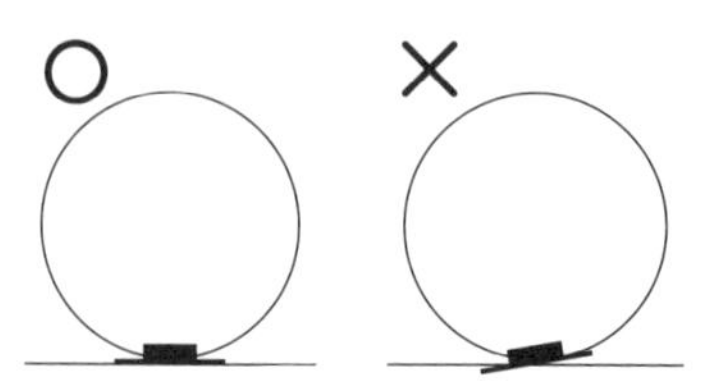

## 3 バンド練習のポイント

ただ全員で曲を流して演奏するだけでは良い練習とは言えません。以下のようなポイントをおさえておきましょう。

### ■苦手な部分、問題のある部分を集中して演奏する

バンドのメンバー全員が揃ったときには、単に曲を最後まで通して終わりがち。しかし、ポイントを決めて練習することがより重要なのです。キメが合わない、サビが走る、または盛り上がりが足りないなどと、アレンジも含めて問題のある部分を集中してやることが大切です。そのときに客観的な判断ができるように、自分達の演奏を録音して、それを聴きながら練習すると良いでしょう。

### ■クリックを使う

サビで走るなど、どうしてもリズムが安定しない部分や、全員のリズムが合わない部分があるときは、ガイドとしてメトロノームやリズム・マシンを使って練習するのも効果的です。このときヘッドフォンでドラマーだけがクリックを聴くのではなく、PAから音を出して全員で聴くようにした方が効果的。リズムはドラマーだけの責任ではなく、全員で作り出すものなのです。

### ■前向きな意見を出し合う

プレイが終わったら、メンバー各人が演奏やアンサンブルについて感じたことを率直に意見交換することも大切です。たとえ誰かの発言が核心をついていない場合でも、そのように感じさせる原因がどこかにあるはずだとみんなで受け止めて、プラスに転化していくことが肝心です。

### ■ライヴを想定した練習

ライヴ前のスタジオでは、全体の流れを通して練習をしましょう。特にドラマーはカウントを出すという仕事があるので、曲のつなぎ方やMCから曲に入るきっかけなどを本番に近い形の練習で把握しておくと安心です。

## ■エンディングを決める

イントロや曲中も大切ですが、同じようにエンディングも曲の要。音楽は、最後の1音が消えるまでが曲なのです。特にドラマーは、最後の処理を任せられることが多く、それが見せ場になる演出も多々あります。格好良く決められるように日頃から練習しておきましょう。

いくつかエンディングのパターンを挙げますので、参考にしてください。

①シンバルを打ち伸ばし、自然に音が消えるのを待つ。
②シンバルを打ち伸ばし、最後に"タカドトン"などとしめる。
③シンバルを打ち伸ばし、最後にもう1発"ジャーン"とシンバルで終わる。
　その前に"タカドトン"ときっかけを入れるパターンもあり。
④シンバル打ち伸ばしの後に、タム、スネアなどでロールなどのフィルインを叩きまくり、最後にritして、"タカドトン・ジャーン"と終わる。

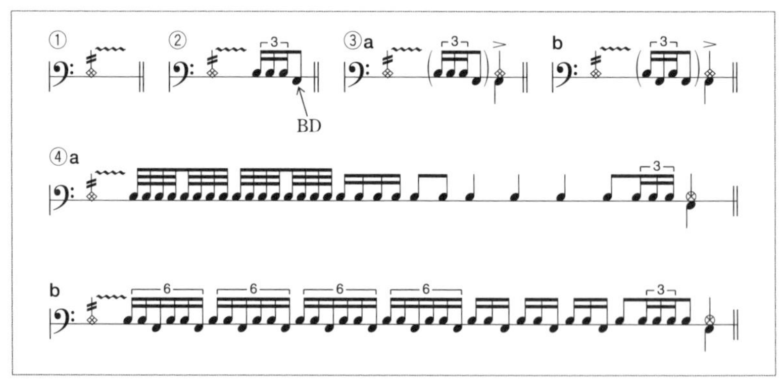


▲譜例7-1　エンディングの例

打ち伸ばしている間やフィルインを叩いている間に、ギタリストなどが早弾きのフレーズを弾いていたりすることも多いので、お互いの呼吸を合わせることが大切。自分勝手に終わらないように気をつけましょう。特に本番直前に、慣れないヴォーカリストに最後のシメのタイミングを任せた場合などは要注意。ドラマーが密かに主導権を握るようにしないとグチャグチャな結果に終わることもあります。また、プロのライヴを見て、カッコいい終わり方をこまめにチェックしておくと良いでしょう。

# 第8章
## ライヴ

いよいよライヴ当日！　緊張と慌ただしさの中、万全の体勢で本番に臨むためにはいったい何をすればいいのだろう？　セッティング、サウンド・チェックから本番のトラブル対処法まで、この最終章で順を追って解説していこう。

## 1 本番前のチェック・ポイント

まず、自分の実力を最大限に発揮できる環境を作り出すことから始めましょう。いろいろと制限のある場合も多いので、事前の準備も周到にしておくと安心です。

### ■ライヴ・セッティングのポイント

まず、ライヴにおけるドラムのセッティングですが、基本的には普段の練習のときと同じで良いでしょう。しかし、シンバルが邪魔をしてメンバーの顔が見えず、コミュニケーションがとりづらい場合は、シンバルのセッティングを許容範囲内で変えたりもします。その方が演奏していてお互いに安心感があるからです。ドラマーというものは、ライヴ中は演奏しているときもしていないときも、周りの状況を常に把握している必要があるのです。

また、複数のバンドが出演する対バン形式のライヴでは、ライヴハウス常設のドラム・セットなどを何人かで使い回すことになります。このようなときは、スネア・ドラムやフット・ペダルは、自分の物を持って行った方が安全です。ライヴハウスの機材では、まったく好みの音でないスネア・ドラムや、まったく足に合わないフット・ペダルである可能性もあります。ちなみに私の場合、ドラム・セットを借りるときはこの他にイスを持って行くことがあります。下半身が安定していないと、演奏に集中できないからです。また、シンバルやタム類などの追加機材を持ち込む場合は、事前にライヴハウスに連絡して、シンバル・スタンドの数やドラムのメーカーなどを確認しておくと安心です。

### ■サウンド・チェック

さていよいよサウンド・チェックを行ないます。サウンド・チェックでは各パートの音量やイコライジングの調整、またはノイズなどを確認します。ほとんどの場合、一番初めにドラムのサウンド・チェックが行なわれ、続いてベース、ギター、キーボード、ヴォーカルなどの順番で進行します。ドラムはまず個々の楽器の音を単体でチェックしていきます。たいていの場合、以下のような順番で、PAの人が指示を出してくれます。

①バス・ドラム(キック)
②スネア・ドラム
③ハイハット・シンバル
④フロア・タム
⑤ミドル・タム
⑥ハイ・タム
⑦シンバル類

最初は"ドン……ドン"というように、ゆっくりと1つ1つの音の余韻を確かめるような気持ちでしっかりと粒を出して叩きましょう。このとき、自分が本番で叩く最大の音量を出しておくこともとても重要なポイント。また「少しミュートをしてほしい」などのPAの人からの要望がある場合もあります。近くにガムテープ等を用意しておくと良いでしょう。各パーツのチェックが終わったら、今度はドラム・セット全体でバランス・チェックをします。このときにリズム・パターンを叩いて、適当にフィルインを入れる感じで、すべてのパーツを使って演奏します。

以上がドラムのサウンド・チェックのだいたいの流れです。ドラマーは、自分の叩いている音を客席で聴くことはできません。したがって、PAの人に身を委ねる部分がとても大きいのです。最初にしっかり「よろしくお願いします」ときちんと挨拶をして、お互いに気持ち良い仕事をすることが大切。また、自分のサウンド・チェックが終わったら、他の人のサウンド・チェックの間は、音を出さないようにしましょう。

## 2 リハーサル

いよいよ本番が迫ってきました。直前に行なわれたリハーサルを、練習と勘違いしている人はいませんか?

### ■リハーサルにおけるチェック・ポイント

全員のサウンド・チェックが終わったら、いよいよバンド全体のリハーサルです。時間に余裕がない場合が多いので、ダラダラせず能率良くやりたいものです。ライヴ前のリハーサルは、バンドの練習時間ではありません。勘違いしないように！

### 1 モニターのチェック

リハーサルで一番大切なのが、自分に返るモニターのチェック。曲を演奏しながら、きちんとみんなの音が耳に届いているかどうかをチェックしましょう。そして、曲が終わるごとに何か注文があれば、PAさんに“ドラムのモニターにヴォーカルとベースを少し上げて、ギターを下げてください”などと自己申告します。そのときに自分のドラムの音も聴こえにくい場合は、モニターに一緒に返してもらうと良いでしょう（バス・ドラムの音のみを返してもらうなどの注文も可能）。

### 2 曲つなぎをチェック

2曲以上の曲つなぎがある場合、不安だと感じるならそこもリハーサルの予定に入れておきましょう。例えば、前の曲の最後のサビから演奏して次の曲につなげてワン・コーラスだけ演奏するという感じで進めていくと効果的。

このとき2曲目のテンポがつかみにくいなら、前の項で述べたテンポのメモリー機能付メトロノームを利用すると瞬時にテンポが確認できて安心です。このときメトロノームの光の点滅やイヤフォンなどで素早くテンポを確認できるように普段から練習しておくと良いでしょう。

### 3 エレクトロニック・ドラムなどの使用

エレクトロニック・ドラムやパーカッションを使用するときは、それらを使う曲もリハーサルでやっておきたいものです。特にエレクトロニック・ドラムは、フロントに出る音のバランスはもちろんですが、モニターにしっかり音が返ってこないと演奏ができません。

以上のリハーサルを終えて、いよいよ本番！　頑張りましょう！

## 3 本番に想定されるトラブルとそのシューティング

ライヴでは、冷や汗の出るような予期せぬトラブルに見舞われることがあります。しかし、そのようなときも事前のしっかりとした備えや、トラブル対処する心構えがあれば、被害を最小限に食い止められるのです。そこで、実際に私の経験をもとにしたいくつかのトラブルを挙げ、その対処法について述べていきましょう。

### ■バス・ドラムやスタンド類のズレ

バス・ドラムが前に出ていってしまったり、スタンド類が演奏中にズレてしまうというトラブルはよくあります。リハーサルでは大丈夫でも、本番では力が入って動いてしまうケースもあるので、事前にしっかりチェックしてください。

①専用のセッティング・マットやじゅうたんの上にセットすると安定感が得られます。

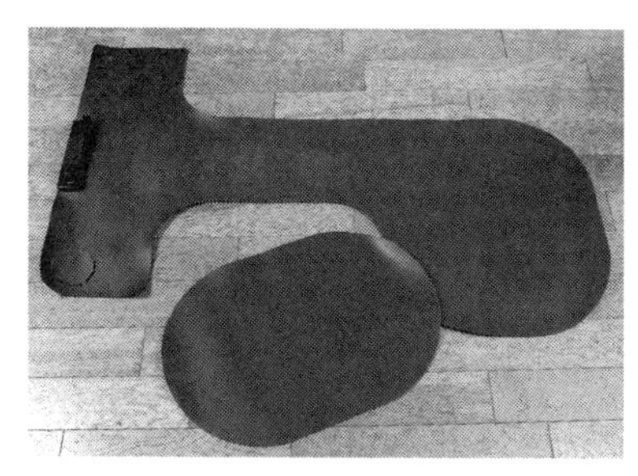

◀写真8-1　セッティング・マット

②床の状況によってはガムテープを貼る対処法が効果的。

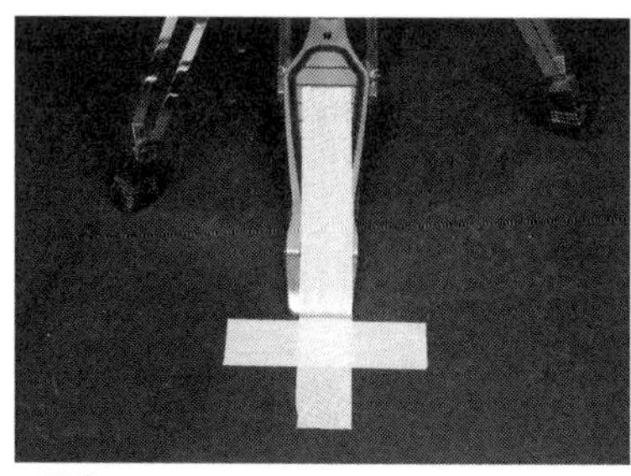

▲写真8-2　ハイハット・スタンドのフット・ボードにガムテープを貼って固定する。

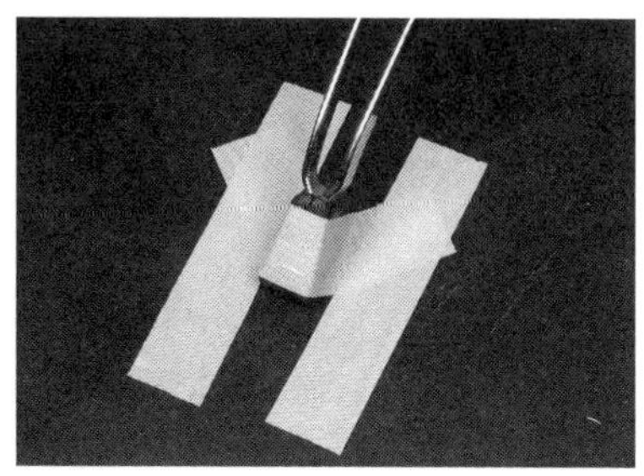

▲写真8-3　シンバル・スタンドのレッグにガムテープを貼って固定。

## ■ネジのゆるみ

小さなネジがゆるむことによって、大きなトラブルになる可能性はよくあります。事前に以下のポイントをしっかりチェックをしましょう。

①シンバル・スタンドやスネア・スタンドのネジのゆるみ。特に角度調整部分は要チェック。

②ハイハット・シンバルのクラッチのネジのゆるみ。特にトップのシンバルの裏側のナットは見落としがちになります。

③フット・ペダルのビーターを止めるネジのゆるみ。ビーターが抜けてバス・ドラムが叩けなくなると大事故に！

④フロア・タム・レッグのネジのゆるみ。ネジが1本でもゆるむとフロア・タムが横転することも……。

しかし、ネジをしっかり締めるといっても、必要以上に力を加える必要はありません。ドラムのスタンドは常識的な力でうまく止まる構造になっています。あまり極端な力でネジを締め上げると、ネジも消耗しますし、次に使用する人が手を傷めることもあります。万が一、そのようなネジに出会ってしまったら、2本のスティックで挟んでゆるめるのが良い対処法です。

## ■スティックが折れる、飛んでいく

最も基本的なトラブルとして考えられるのが、スティックが折れたり、飛んでしまったりすること。必ず手の届く範囲にスペアを用意しておきましょう。

①スティックケースを手元に置く（フロア・タムのボルトにケースを引っ掛ける、フロア・タムのシェルを支えにして置く、足元の邪魔にならないところを見つけて床に直置きする）。

②バス・ドラムのシェル上に落ちないように1セット置く。

③スティック・ホルダーをセットする。

そして演奏する上で大切なことは、片手になってもリズム・パターンのバック・ビートを叩き続けることです。日頃から片手で8ビートなどのリズム・パターンを叩く練習をしておくと、こんな場合でも慌てずに対処できます。

## ■ステージの曲順を間違えた！

これは最も初歩的なミス。曲の入り方やテンポが違うとバンド・メンバーが混乱してしまいます。曲数が多いときは、進行表を書いて見やすい場所にガムテープなどで貼っておくこと。また進行表には、MCの場所やそれぞれ曲のテンポなど、自分用のメモも書き込んでおくと良いでしょう。

## ■カウントを出したが入れなかったメンバーがいる

ライヴの経験が浅いと、こんなトラブルが起きやすくなります。原因はメンバーの演奏の準備がまだできていなかったり、カウントの声が小さくてお客さんの声にかき消されてしまったなどといったことが考えられます。防止策としては……

①メンバーの顔を見渡し、よく確認してから、大きな声を出してはっきりカウントすること。特に大きな会場では、そんな小さな確認が重要。

②イントロでリフを弾く人や楽器を持ち替える人がいる場合は、その人の顔を見ながらカウントを出すこと。

下を向いて目を伏せてカウントを出すのは、一番よくありません。自信を持って、メンバーに「曲が始まるぞー！」という勢いを伝えるのがドラマーの役割です。

## ■衣装選び

ライヴの前日に「明日は派手にキメるぞ」と衣装を買いに行って、本番に着てみたら叩きづらくて大失敗……。中でも一番多いトラブルがズボンの裾が広くてビーターにかぶさってしまうという、笑うに笑えない状況。また、袖が長く口が広いシャツも、スティックがひっかかりやすいので要注意。ズボンの場合は応急処置として、靴下の中にスボンの裾を入れることで解決できます。

## ■こんなときどーする!? ドラム・セットが崩壊した！

私が今まで経験した一番のトラブルはこれです。なんとコンサートの1曲目でドラム・セットの左側に積んであった重いモニター・スピーカーが倒れてきてドラム・セットが崩壊。このときドラム・セットは、高い山台の上にセットされていて、ハイハット・シンバルはもちろん、クラッシュやタムも床に転落してしまいました。幸いスネア・ドラムとバス・ドラム、それにライド・シンバルが残っていたので何とかそれで無事に曲を叩き終わることができましたが（？）、それすらなくなっていたことを考えるとゾッとします。

私はこのとき、避けようのない究極のトラブルに対する驚きと、足の打撲の痛みがあったにもかかわらず、思い切りシンプルになった自分のドラム・セットを見て、妙にハイな気分になったりもしました。ドラマーは曲が始まってしまったら、もう止まることは許されません。「何が起こっても叩き続けるんだ」という根性と、ハプニングが起きてもその状況を楽しんでしまえる強い精神が必要と言えるでしょう。

## ■あがる、……あがりまくる！

本番前は、誰でも緊張します。適度な緊張感は、テンションの高いライヴをやるためのエンジンを暖めているようなもので、必要かつ心地良い状態です。しかし、これが度を越えると、いつもの自分を失って混乱した状態に陥ってしまいます。その状態のままステージに立ち、冒頭で小さなミスをしたがため、ますますあがり、あとは何が何だかわからないまま最後まで行ってしまったというような事態も考えられます。

そうならないためには、どうすれば良いでしょう。手に人という字を書いて飲む仕草をすればいい、などと言う人もいますが、確証はありません。緊張という感情は自分の意識でコントロールできません。抑えようと思うほど高まるものなのです。そのためには“緊張しちゃいけない”と必要以上に自分を追いつめないようにすることです。

もう1つ重要なのは、自分に自信を持つことです。そのためには、本番までに不安材料を残さないように練習を重ねることも大切です。“これだけたくさん練習してきたのだから失敗するはずはない”と自分に思い込ませるのです。

本番前の楽屋などで、練習用パッドを使いながらしっかりウォームアップするのも良いでしょう。あの、つのだ☆ひろさんも「練習のときは一番ヘタクソだと思って練習して、ステージに立ったら世界で一番うまいドラマーだと思って演奏しなさい」と言っていました。まさにその通り。そして失敗を恐れず思いっきり本番にのぞみましょう‼

# インターナショナル・ドラム・ルーディメンツ40

①シングル・ストローク・ロール
(Single Stroke Roll)

②シングル・ストローク・フォー
(Single Stroke Four)

③シングル・ストローク・セブン
(Seven Stroke Roll)

④マルチプル・バウンス
(Multiple Bounce)

⑤トリプル・ストローク・ロール
(Triple Stroke Roll)

⑥ダブル・ストローク・オープン・ロール
(Double Stroke Open Roll)

⑦ファイブ・ストーク・ロール
(Five Stroke Roll)

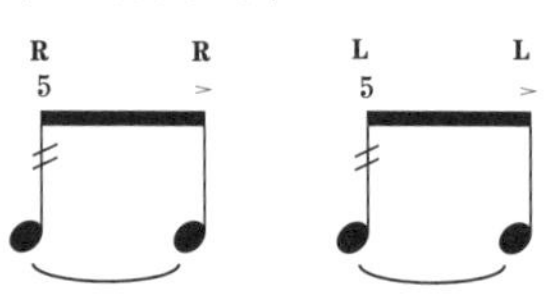


⑧シックス・ストローク・ロール
(Six Stroke Roll)

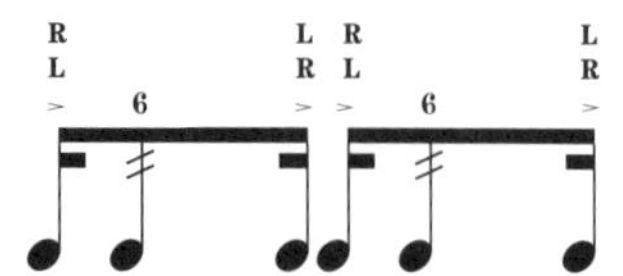


⑨セブン・ストローク・ロール
(Seven Stroke Roll)

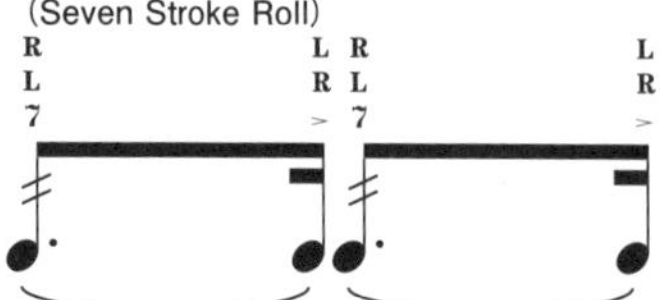


⑩ナイン・ストローク・ロール
(Nine Stroke Roll)

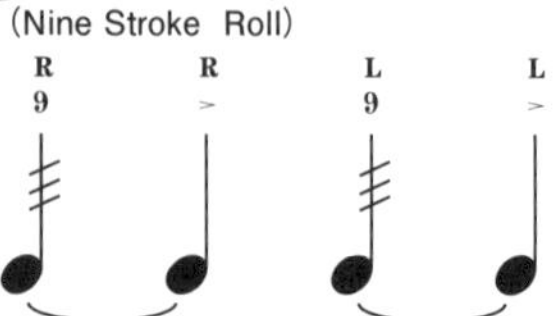

⑪テン・ストローク・ロール
(Ten Stroke Roll)

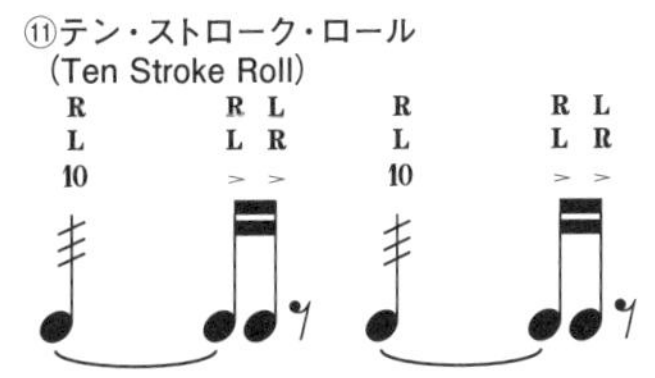


⑫イレブン・ストローク・ロール
(Eleven Stroke Roll)

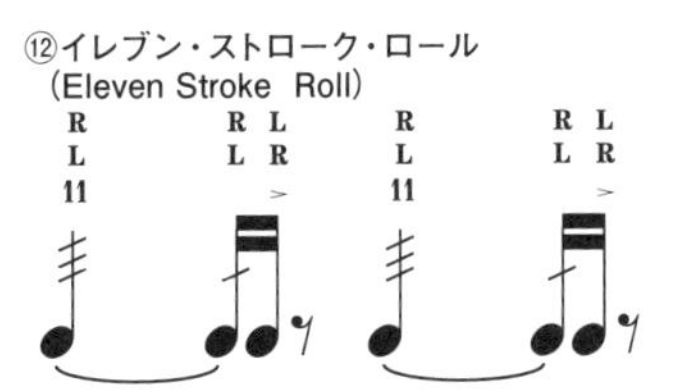


⑬サーティーン・ストローク・ロール
(Thirteen Stroke Roll)

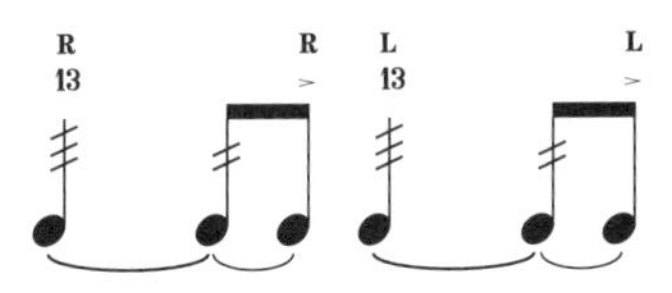


⑭フィフティーン・ストローク・ロール
(Fifteen Stroke Roll)

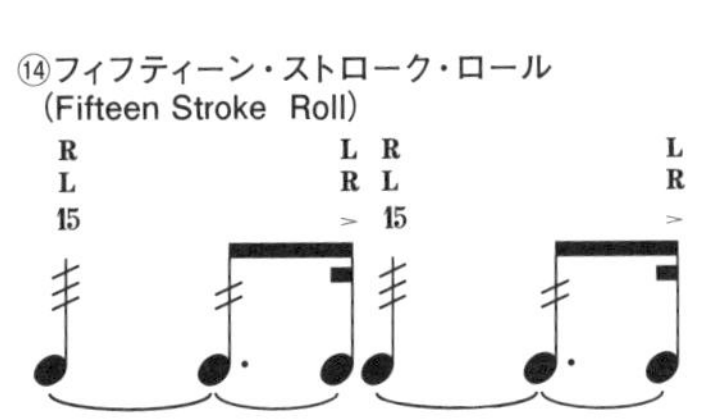


⑮セブンティーン・ストローク・ロール
(Seventeen Stroke Roll)

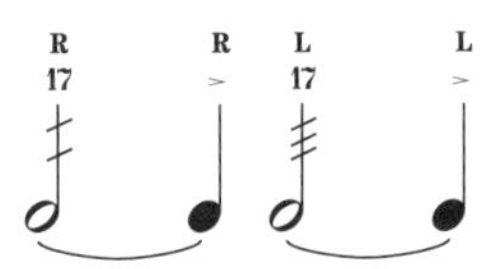


⑯シングル・パラディドル
(Single Paradiddle)

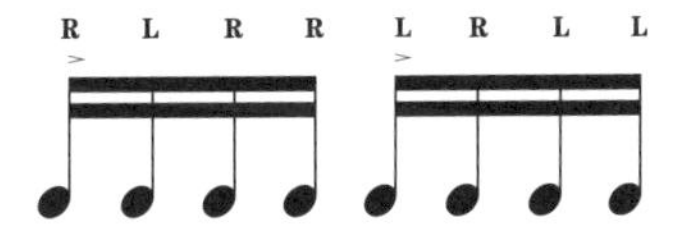


⑰ダブル・パラディドル
(Double Paradiddle)

⑱トリプル・パラディドル
(Triple Paradiddle)

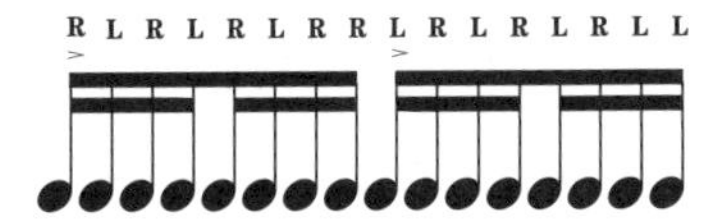


⑲シングル・パラディドル・ディドル
(Single Paradiddle-diddle)

⑳フラム
(Flam)

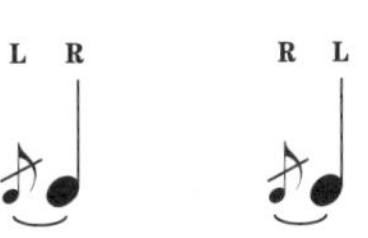

㉑フラム・アクセント
(Flam Accent)

㉒フラム・タップ
(Flam Tap)

㉓フラマキュー
(Flamacue)

㉔フラム・パラディドル
(Flam Paradiddle)

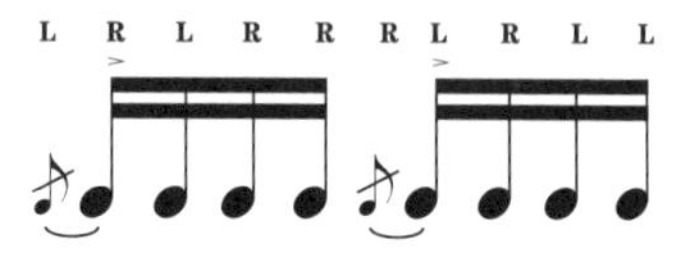


㉕シングル・フラムド・ミル
(Single Flammed Mill)

㉖フラム・パラディドル・ディドル
(Flam Paradiddle-diddle)

㉗パタフラフラ
(Pataflafla)

㉘スイス・アーミー・トリプレット
(Swiss Army Triplet)

㉙インバーテッド・フラム・タップ
(Inverted Flam Tap)

㉚フラム・ドラッグ
(Flam Drag)

㉛ドラッグ
(Drag)

㉜シングル・ドラッグ・タップ
(Single Drag Tap)

㉝ダブル・ドラッグ・タップ
(Double Drag Tap)

㉞レッスン 25
(Lesson 25)

㉟シングル・ドラガディドル
(Single Dragadiddle)

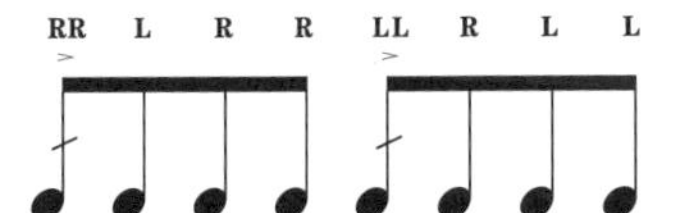


㊱ドラッグ・パラディドル #1
(Drag Paradiddle #1)

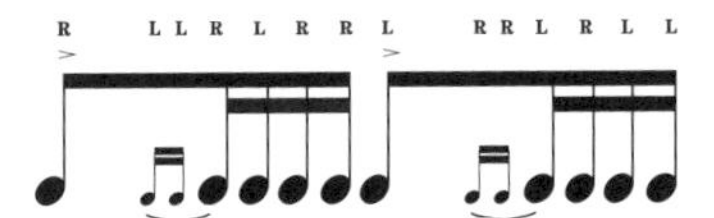


㊲ドラッグ・パラディドル #2
(Drag Paradiddle #2)

㊳シングル・ラタマキュー
(Single Ratamacue)

㊴ダブル・ラタマキュー
(Double Ratamacue)

㊵トリプル・ラタマキュー
(Triple Ratamacue)

## あとがき

自分が長い間ずっと叩き続けてきたドラム。それをいざ文章で表現しようとすると、なかなか難しいものがありました。しかし、普段の自分の生活や演奏するときに心がけていることや考えていること、もしくは無意識にやっていることを整理していくということはとても意義のあるものでした。忘れかけていた大切なことを思い出したり、あらためて「やっぱりそうだったのか」と確信することも多々ありました。そんないろいろな意味で、この本は、自分にとっての教則本ともなりました。

この本を買って、最後まで読んでくれたみなさん、どうもありがとう。今後もしもプレイに悩んだり、スランプに陥ったりしたときには、そのたびに本棚から取り出し、読み返して何かの刺激やヒントを発見する……そんな存在にこの本がなってくれればと願います。

この場をお借りして、この本を書く機会を与えてくださった篠田元一氏とリットーミュージックの大山哲司氏に深く感謝します。

そして、この本を書くにあたり知識を惜しみなく提供してくださった、つのだ☆ひろ氏、近藤郁夫氏をはじめとする、精神的に、そしてドラマーとして多大なる影響を与えてくださった先生方にも深く感謝いたします。

●SPECIAL THANKS（順不同）
そうる透氏、田中康弘氏、田口隆一氏、Mr.Joel Bertsch、Mrs.Toshie Bertsch、関谷一志氏、高山毅氏、武田光太郎氏、蓮見香織氏その他、多数のお世話になった方々……。

長野祐亮

Profile

## 長野祐亮(ながの ゆうすけ)

15歳からドラムを始め、つのだ☆ひろ氏、そうる透氏に師事。その後、大学在学中より活動していたバンドでレコード・デビュー。以後、自らの音楽活動とともに、数々のレコーディングやアーティストのサポートに参加する。現在は音楽活動のほか、ドラム・スクール講師、『リズム&ドラム・マガジン』などへの執筆活動など、さまざまな方面で活躍中。

著書に『1日15分!自宅でドラム中毒』『ドラム・パターン大辞典326』『まるごと1冊! ドラム・フットワーク』『リズム感が良くなる「体内メトロノーム」トレーニング』『みんなで楽しむ手拍子リズムトレーニング』などがある。

**新・ドラマーのための全知識 新装版**

著者　長野祐亮

2019年5月25日　第1版1刷 発行
定価(本体1,900円+税)
ISBN978-4-8456-3383-8

発行人　松本大輔
編集人　永島聡一郎

発行所　株式会社 リットーミュージック
〒101-0051　東京都千代田区神田神保町一丁目105番地
https://www.rittor-music.co.jp/

**【乱丁・落丁などのお問い合わせ】**
TEL:03-6837-5017 ／ FAX:03-6837-5023
service@rittor-music.co.jp
受付時間／ 10:00-12:00 、13:00-17:30(土日、祝祭日、年末年始の休業日を除く)

**【書店様・販売会社様からのご注文受付】**
リットーミュージック受注センター
TEL:048-424-2293 ／ FAX:048-424-2299

**【本書の内容に関するお問い合わせ先】**
info@rittor-music.co.jp
本書の内容に関するご質問は、E メールのみでお受けしております。お送りいただくメールの件名に「新・ドラマーのための全知識 新装版」と記載してお送りください。ご質問の内容によりましては、しばらく時間をいただくことがございます。なお、電話やFAX、郵便でのご質問、本書記載内容の範囲を超えるご質問につきましてはお答えできませんので、あらかじめご了承ください。

編集　肥塚晃代／永島聡一郎
カバーデザイン　waonica
本文デザイン／ DTP　岩永美紀
撮影　鈴木千佳／星野俊／関川真佐夫
浄書　鈴木典子 (Seventh)
印刷／製本　中央精版印刷株式会社



*本書は2011年に小社より刊行された「新・ドラマーのための全知識」の装丁を新たにした新装版です。